蒲團子 著

陳攖寧仙學隨談 壹

心一堂

書名：**陳攖寧仙學隨談（壹）—仙學雜談、仙道問答、養生閒談**
作者：蒲團子
責任編輯：陳劍聰

出版：**心一堂有限公司**
地址(門市)：香港九龍尖沙咀東麼地道63號好時中心LG 61室
電話號碼：(852)67150840　(852)34661112
網址：http://www.sunyata.cc
　　　http://publish.sunyata.cc
電郵：sunyatabook@gmail.com
存真書齋仙道經典文庫網上論壇：http://bbs.sunyata.cc/

版次：二〇一六年一月初版
平裝

定價：港　幣　一百二十八元正
　　　人民幣　一百二十八元正
　　　新臺幣　五百九十八元正

國際書號：ISBN 978-988-8316-82-3

香港及海外發行：**香港聯合書刊物流有限公司**
地址：香港新界大埔汀麗路三十六號中華商務印刷大廈三樓
電話號碼：+852-2150-2100
傳真號碼：+852-2407-3062
電子信箱：info@suplogistics.com.hk

臺灣發行：**秀威資訊科技股份有限公司**
地址：臺灣臺北市內湖區瑞光路七十六巷六十五號一樓
電話號碼：+886-2-2796-3638
傳真號碼：+886-2-2796-1377
網絡書店：www.bodbooks.com.tw

心一堂臺灣國家書店讀者服務中心
地址：臺灣臺北市中山區二〇九號一樓
電話號碼：+886-2-2518-0207
傳真號碼：+886-2-2518-0778
網絡書店：www.govbooks.com.tw

中國大陸發行　零售：**心一堂書店**
深圳地址：中國深圳羅湖區立新路六號東門博雅負一層零零八號
電話號碼：+86-755-8222-4934
北京地址：中國北京東城區雍和宮大街四十號
心一堂店淘寶網：http://sunyatacc.taobao.com

善的十條真義

學理重研究不重崇拜
功夫尚實踐不尚空談
思想要積極不要消極
精神圖自立不圖依賴
能力宜團結不宜分散
事業貴創造不貴模仿
幸福講生前不講死後
信仰憑實驗不憑經典
住世是長存不是速朽
出世在超脫不在皈依

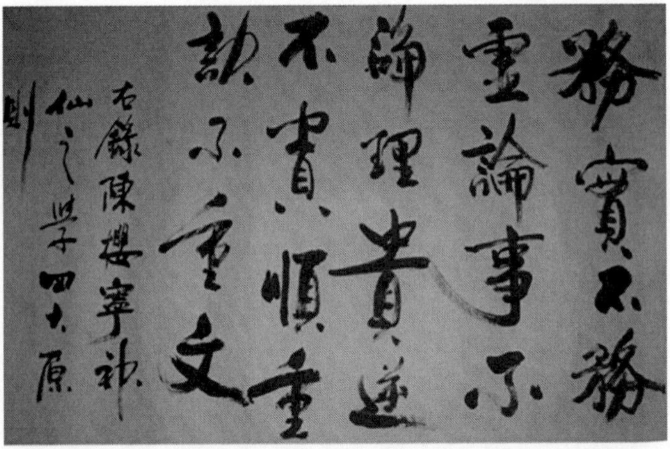

神仙學術四大原則

務實不務虛
論事不論理
貴逆不貴順
重訣不重文

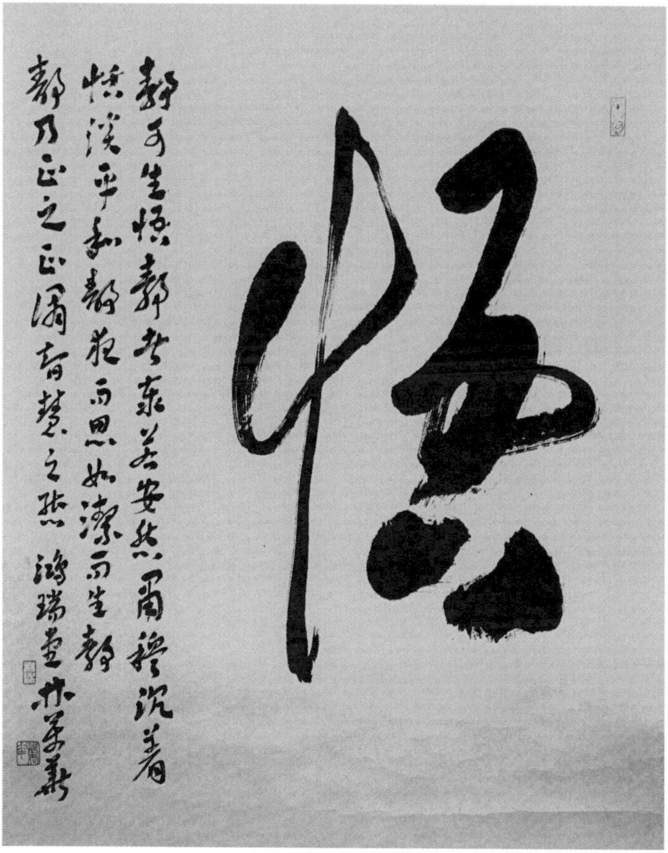

悟

（法書華萬林）

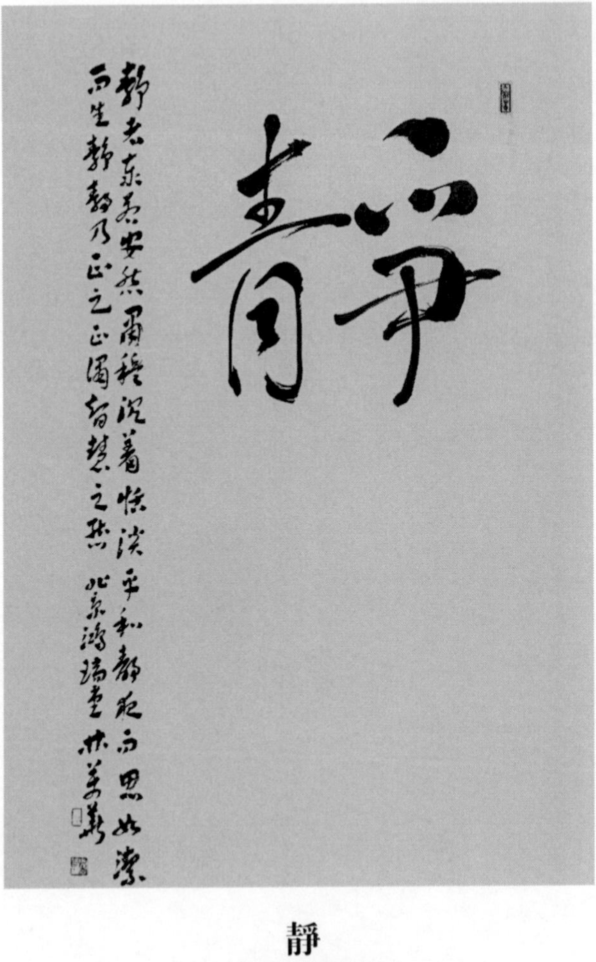

靜
（法書華萬林）

自序

在二十世紀初期，陳攖寧先生等前輩已獨具卓見地開始運用科學思維與方法研究古老相傳的仙學學術。這不僅是仙學研究之進步，也是仙學研究之必然。這種思維，一直到二十世紀五十年代中期，還頗爲流行。從二十世紀八十年代起，在中國大陸曾經有二十多年魚龍混雜的氣功熱潮。到二〇〇〇年以後，不知何故，仙學學術的研究又開始向神秘化、宗教化傾斜。這裏有一部分是學者的「功勞」，但主要還是一些民間人士的江湖心態所致。

或許是受陳攖寧先生與胡海牙老師的影響，我在研習仙學學術時，常常會用自己瞭解的科學知識來分析。不可否認，用當前的科學成果尚無法完全詮釋仙學，但事實也證明，仙學中的很多內容，是可以用現代科學來解釋的。正因爲如此，我在與同道好友交流的時候，經常將科學思維與方法貫穿於仙學之中，也得到了一些朋友的認同。

本書所收錄的，是我這些年對仙學學術的一些看法與感想。書名定義爲「陳攖寧仙學」，是因爲「陳攖寧仙學」這五個字是我與海牙老師於二〇〇〇年前後商定的研究方向，且本書内容基本是按照陳攖寧先生重科學、重研究、重實踐的思路來撰寫的。

本書共分爲三個部分，即仙學雜談、仙道問答、養生閒談。

仙學雜談主要是我近年來對仙學相關問題的一些探討與思考。這些文章大都發表於「存真書齋博客」。在收錄時，按話題來排列次序，並對相關内容也進行了完善。

仙道問答主要是回答一些同好的提問。這些提問，有的來自電子郵件，有的來電話，有的是當面交流，更多的是網絡交流。由於提問者中，有的不願意公佈名字，有的使用化名，故而在整理時，統一不用提問者的真實姓名或化名。内容排列則是以時間先後來排次序。

養生閒談是某年受朋友之邀所做的養生講座之講稿，共兩篇。當時聽講者均無養生學基礎，且不了解仙學學術，故講稿儘量用淺白的文字與道理。其中收入的部分養生方法，對於生活中的養生，頗有意義，可供參考。

本書是我自己的一些思考與看法，公開出版，僅是爲熱愛此道之同好提供一些不同的思考角度而已。感謝篆刻家、書法家林萬華先生爲本書題寫書名，並感謝心一堂出版社與陳劍聰先生對本書出版提供的幫助。

二〇一五年十一月八日農曆乙未冬至日蒲團子於存真書齋

目錄

仙學雜談

「陳攖寧仙學」的由來及内容

「陳攖寧仙學」這個概念，是由我與海牙老師於二〇〇〇年前後提出的研究方向。我對「陳攖寧仙學」的定義爲，以陳攖寧先生重科學、重研究、重實踐的思想爲主要依據，以三元丹法、中醫針藥、内家拳法爲主要内容，通過人體自身的真實修煉，以期達到生命極致的學問。

「陳攖寧仙學」的由來

在我與海牙老師的早期文章中，一般使用「中華仙學」一詞。因爲陳攖寧先生倡導的仙學學術，是中華民族傳統文化，或者説是道家文化之靈脈，所以用「中華仙學」一詞也符合實際。後來聽海牙老師説，臺北真善美出版社出版有中華仙學一書，且此書對陳攖寧先生的署名有所改動，故經與海牙老師商議，在我們的文章中，儘量避免使用「中華仙學」一詞，改爲「道家仙學」，以免混淆視聽。「道家仙學」一詞是海牙老師決定的，因爲仙學學術是道家文化的一個重要組成部分。

海牙老師對道教有很深的感情，一直有一個願望，就是把仙學學術傳播到道教。我將其稱之爲「還仙學歸道教」。

二十世紀九十年代末，海牙老師在中國道協開會時，曾與武當山的王光德道長商議，希望王光德道長能派一兩位武當山的道士，來學習自己所得之武當太極拳。但這件事一直未能成行，後來王光德道長羽化，就再無下文。又有在中國道教學院學習的小道士諸人來訪海牙老師，希望老師能去中國道教學院給他們講中醫。老師又因之命我編寫相關的醫學講義。但這件事也最終没有結果。又有南方某地道協來北京胡海牙老師的寓所，想請老師去南方小住。老師考慮將仙學的内容長久留在道教團體，並有意開辦仙學院，以更好地傳播仙學學術。在這一段時間，海牙老師囑咐我，在寫文章的時候，儘量用「道教仙學」，爲未來將仙學還歸道教作準備。當時我和海牙老師認爲，作爲道士，能掌握三元丹法，既可修養身心，體悟大道，更可綿延道脈，莊嚴道相；學會中醫針藥，可以濟世活人，積功累德；修習内家拳法，可以强健身體，輔助内煉。雖然我們經過幾番努力，但由於各種因素，老師還仙學歸道教的願望逐漸落空。

在海牙老師與我合撰的神仙·仙學·道教一文中，我曾將仙學稱爲道教的教外别傳，得到了海牙老師的認可。也是從這篇文章之後，老師和我决定，暫時不考慮還仙學歸道教之事，把精力放在陳攖寧先生學術的研究與其著述的整理上。其實在二〇〇四年時，我們還有過一次與道教合作研究仙學的機會，但由於內外因素，中途作輟。陳攖寧先生學問廣博，而海牙老師側重於其仙學學術的研究與實踐。又因當時有多家以仙學爲名的流派產生，但與陳攖寧先生的主張有所不同，故我建議老師，在我們以後的文章，就使用「陳攖寧仙學」一詞。一則表明我們只以陳攖寧先生主張的仙學思想爲研究方向，二是表明與其他相關的學問有所區別。並從談陳攖寧仙學的科學性一文開始，正式使用這種稱謂。

這就是「陳攖寧仙學」概念的由來。

陳攖寧仙學的內容

陳攖寧仙學的內容，可以從三個方面分類。一是從修煉層次上，可依次分爲衛生、養生、攝生、再生、長生； 二是從修煉方法上，可以分爲三元丹法、中醫針藥、內家拳法； 三是從修煉環境上，可以分爲世間法和出世間法。

衛生，即保衛生命，也就是防止外邪入侵體內； 養生，養護生命，既要防止外邪入侵，還不能過多損耗身體之能量； 攝生，即收攝一切可以護持生命之動力； 再生，即通過專門的修煉，達到身體轉化、生命重塑的境界； 長生，即永久存在，無老病死。

三元丹法，原有兩種說法。一種是指天元神丹、地元靈丹、人元大丹，其中天元、地元爲外丹術，人元又分清靜與陰陽兩途。這種說法見於明代陸西星的玄膚論。另一種是指天元清靜、地元服食、人元陰陽，見於清代陶素耜道言五種讀參同契雜義。陳攖寧仙學中之三元丹法，是指天元清靜、地元燒煉、人元陰陽三種丹法。

世間法，陳攖寧先生認爲，當包括身體健康法、壽命延長法、駐顏不老法、人種改良法等。經過世間法的修煉，力求使人之肉體得以長生，然後再進行出世間法之修煉。世間法不僅有仙學獨有的方法，也有其他方法。出世間法，陳攖寧先生認爲，有斷烟火食法、肉體生化炁體法、炁體出入自由法、炁體聚散隨意法、炁體絕對長生法、炁體飛昇到另一世界法等。這裏的出世間法，都是仙學獨有的法門。

關於這三種分類方法及具體的內容，我將在陳攖寧仙學概述一書進行詳細分析，此不贅述。

二〇一五年十月二十六日蒲團子於存真書齋

李道純派與東西南北四派及其他

仙道學術，至清代李涵虛，流行於世者，曰東、西、南、北四派，此外又有張三丰的隱仙派又稱猶龍派、閔一得的北宗龍門派改革派等。

南北兩派，始自宋元，北派即王重陽的全真派，南派即張紫陽一派。北派王重陽弟子甚眾，被後人所稱道者，有重陽七大弟子，即後來的北七真。與其他各派一樣，北派丹法亦源自鍾呂，但北派却不完全以丹法聞世。北派盛行，主要還得力於邱祖處機的「一言止殺」。而北派丹法之傳承，也同其他流派丹法一樣，私相授受。

相對於北派，南派的丹法傳承更爲嚴密，每代只有一二人，有完整體系的傳承，只有五代，即後世所謂的南五祖。南五祖而外，也有稱得紫陽傳者，有稱得玉蟾傳者，但其體系不屬一脈直傳，其方法是否爲完整的南宗方法，也無法評定。至於後來稱得南宗之傳者，代有人出，是否真的得了南宗丹訣，則無法印證。南宗丹法的傳承也很秘密，以至於自白玉蟾後，什麽人都可以自稱得南宗之傳，而方法也千奇百怪。

東派始自陸西星，但在李涵虛的西派出現之前，並未見有東派一説。而李涵虛在自己編撰的書籍中，提出明代有一個叫冷生的，因爲看到呂祖門下有南北二宗，及陸西星之東派，故而自己也想創一個西派。後來這個冷生即轉世成爲李涵虛。有人將李涵虛認做陸西星之後身，並認定冷生即陸西星、冷生之卒即西星之卒，這是不嚴謹的。其實李涵虛已明確指出，冷生因爲陸西星有東派，纔發心創西派。如果冷生就是陸西星，那陸西星認爲自己創了東派，覺得孤單，所以準備轉世再創個西派，似乎講不通。何況李涵虛還講什麽「星月同輝」，如果冷生就西星，那轉世後就應該是「前星後月」了，還談什麽星月同輝呢！李涵虛在其著作中，也明確說過，冷生或爲冷謙，不知後人爲何一定要讓李涵虛成爲陸西星的後身呢？

西派創自李涵虛，從其著作來看，他有明確的創派意識。關於李涵虛的研究，拙作李涵虛的西派及其相關著作略有介紹。

雖然後人對各流派的丹法都做了一定的歸類，但未必能完全代表此四派之的旨。如果說此四派之丹法有別，那其原因多來自外在環境，而不在丹法本身。

今人常將李道純一派與南北东西四派並稱，我認爲不合適。李道純生卒不詳，里籍也有爭議，但其人被認爲承南北二宗之法，而因其著作有中和集，倡導「守中」，後人將其與南北東西四派並稱，命名爲「中派」。南北西東以地域而區別，紫陽主要生活、活動在中國的南方，故其所傳丹法一支被稱爲南宗； 重陽主要生活、活動於中國的北方，故其所傳丹法一支被稱爲北宗； 李涵虛主要生活、活動於中國的西部，所以自稱其派爲西派西派李涵虛有不少弟子，但其弟子之後却很難見到的脈，鼻外虛空一派未必合於李涵虛原旨，銀道源之傳承更爲荒唐，所以西派自「道」字輩後未見顯傳； 陸西星主要生活、活動在中國的東部，故李涵虛爲了其創立西派，稱陸爲東派，而東派却未見明確的傳人，後世有人將凡有兩性關係的內容均加在東派陸西星的身上，故房中補益、採陰補陽之類方法，也成了東派的「丹法」，着實冤枉了這位老前輩。至於「中派」之名，當是西派創立之後纔有的名詞，這個詞在民國時的書籍中尚不多見，可能出現於一九四九年後的學術界。「中派」這個詞單獨使用應該没有什麽問題，但現在人每每談起丹法，多言南、北、東、西、中五派丹法，這是不準確的。這也是不懂丹道歷史、不知丹道傳承所致。

至於隱仙派，又稱猶龍派，是後人對張三丰一支之稱謂。因爲張三丰一生行踪不定，神龍見首不見尾，故稱「猶龍」； 因常人難覓其踪，故稱「隱仙」。閔一得本是龍門派系，但其行事不當，經過一些變故後，大改以前之言行，後有古書隱樓藏書等著行世。這些年閔一得一派很是風光，不僅得紹北派之正宗，又得南派之的傳，還兼通三家龍虎之術，簡直是世不二出。但從師長們的記述中，閔一得的方法不應該是這樣。

因昨日讀有關研究李道純的著作有些感觸，故寫點雜感，聊做記錄罷。

二〇一〇年五月十八日

任何一門學問都應該有不同的聲音

任何一門學問，都應該有不同的聲音。只有一種聲音的學問，應該都是有問題的。我國春秋時代，就有百家爭鳴之局面。現代也常有「百家爭鳴，百花齊放」的說法。這些也恰恰說明，有些問題不應該只有一種聲音。

關於龍虎三家「丹法」析判

所謂的「龍虎三家丹法」，在最近十多年的時間裏，一直被當做中華丹道學問的最高方法及丹道的最機密內容，並且在這十多年中，一大批受過高等教育的人、中國道教的一些領袖人物、民間一些堪稱大師的丹道人士，都異口同聲地大肆鼓吹這種方法之殊勝。正如我在龍虎三家「丹法」析判一書所說的「幾有凡談及丹道，無不提及『龍虎三家』者」。一時間，呈現不談龍虎三家「丹法」就不足以談丹道的局面。而真正地公開、正式對此種法門提出不同意見的，只有區區我一個人。而我的質疑，一直被一些人定義爲「個人恩怨」。所以，我的質疑，則被認爲洩私憤而已。這是讓我感到可怕的。記得撰寫龍虎三家

「丹法」析判之前，某兄曾對我說，如果我不把有些東西寫出來，恐怕不會再有其他人來寫了。這樣說，並不是說我的水平有多高，而是其他人由於種種因素，不方便或不願意來寫。而區區在下，一介草民，既不混迹於學術殿堂，又不謀職於公辦機構，所以，不受某些因素的限制。這也是我最後下定決心的一個因素。

龍虎三家「丹法」析判一書中，很少用及其他前輩對此道的評價。甚至陳攖寧先生、胡海牙老師對於這種東西的評價，也未採用。這也是很多朋友問及的問題。因爲當時決定寫這個內容的時候，首先考慮到的是避免再次被人冠以「個人恩怨」名號。另外，真正地專門反對這種法門的文字並不多，前輩們的批評，一般只是大而化之的說法。

龍虎三家「丹法」析判一書出版後，不少朋友或打電話，或寫信，提出了對這本書的看法。大多數是對這本書的肯定，也有一些建議，批評的很少。其實，在撰寫的過程中，我與幾位同道討論時，場面比較激烈。有時候雖然是文字交流，但能體會出當時各人的情緒。好在最後的決定權在我，大家也只是爲了學問發表看法，不產生其他問題。看了這本書的人，大多數能對所謂的「龍虎三家『丹法』」有一些新的認識，我們的目的也算達到了。至於依然對這種法門深信不疑者，那已不是我們能力所能左右的了。

龍虎三家「丹法」析判中，確有不盡如人意的地方。能否修訂，我現在還不敢確定。

客觀地說，寫這本書時還是小有不如意的。這跟寫一般的雜文不一樣。寫雜文可以放縱性情，說幾句過份的話也無不可。但要認真討論一門學問，特別是丹道學問，既不能帶有個人的情緒，也不能隨意地發揮，所以，還是有些約束的。雖然也有朋友認爲裏面不免有個人情緒，但比我真正的情緒，算是好多了。這也是一次磨煉，以後遇到同類的問題可能會更好一些。

關於西派

最早關注西派，是因爲陳攖寧先生曾編訂有李涵虛的道竅談三車秘旨合刊並對李涵虛有所評價，而其著黄庭經講義中，也有引用李涵虛的內容。後來由於機緣輳合，收集了幾本李涵虛的西派著作。因看到南方某先生大力宣傳西派，以西派傳人居之，故曾有意將自己收藏的書籍複製供其整理。後經過瞭解發現，他們對西派的研究很粗糙，就打消了這個念頭，決定條件允許的時候，自己來完成西派著作的整理。因此，便慢慢留意西派的典籍。也因此發現，李涵虛的著述流傳較廣，版本頗多，而西派的傳人們似乎沒有認真搜尋。這讓我對西派的著述更爲留心。經過對各種資料的對比及對當前西派的瞭解，也就出現最初打算整理西派丹經匯編，後來把李涵虛仙道集與汪東亭、徐海印一支著述分開的情況。也因此，產生了撰寫西派研究的念頭。

最早整理西派著作的時候，也收到過一些異樣的聲音，提出一些近代作品不能出版。其實我當時並沒有打算收錄他人整理出來的東西，何況有些東西他們並不擁有版權。

整理西派著述及計劃撰寫西派研究，也曾被友人問及是否針對某人。其實真沒有那個意思。我計劃撰寫西派研究，與撰寫龍虎三家「丹法」析判有一個同樣的原因，就是因爲現在的西派一片「鼻外虛空」，而竟然不知道「東來正義」。試問，鼻外之後該如何？竟然無人提及。最後只剩下「從頭到尾只鼻外」，這個恐怕與李涵虛還是有些區別的。李涵虛的東來正義，可算是丹道較爲上乘的作品，只是不知道現在是否還有西派的人在研究此著。

西派的傳承與創派，也有很多問題需要釐清。「言外之意」、「夢中通靈」之類的研究方法，在過去可能說得過去，現在恐不宜作爲依據。鼻外一派的真實意義爲何，鼻外之後的功夫何在，這些也需要思考。當然，這些丹法上面的問題，西派研究中應該不會涉及太多。

西派研究只是個計劃，一兩年内恐無暇動筆。一是時間不允許，二是還有幾個問題没有瞭解清楚。撰寫西派研究，目的也很簡單，只是讓關心丹道、關心西派的朋友知道，西派不光是汪東亭、徐海印，還有李涵虛；西派丹法不止鼻外虛空，更有東來正義。現在鼻外幾乎成了西派之惟一，對西派及李涵虛而言，未必是好事。

曾有人問我，是否認爲鼻外虛空一法有問題。其實，我在一些文字中曾經提到過我的看法。我並不反對鼻外虛空法，但不認可「惟此一乘，餘二非真」的論調。何況，李涵虛的虛空，汪東亭、徐海印的虛空，蔡潛谷的虛空，是否同一虛空，尚有討論的餘地。再者，我一直認爲，鼻外虛外是一種大用。而從一些人的親身體驗中，也驗證了我看法。所以，我對鼻外虛空的看法有以下幾點：一是現在流傳的方法可能不完整；二是這種方法要因人而異，不能萬人一法，否則會出問題；三是此法門不足代表李涵虛西派之全部。僅此而已。

有爭論纔有進步

中國的丹道，流傳至今，已幾千年了。從古到今，正邪之爭，真僞之辨，一直存在。此與個體的差異有關，與傳承有關，與環境有關，與學識有關，與很多問題有關。爭論、辯論，都是很正常的。到了當代，特別是經過二十世紀八十代至二十一世紀初的氣功大潮二十年之後，由於特殊的原因，與丹道相關的學問，很難得到有益的討論。再由於一些利益相關的問題，竟然出現了「凡是否定某種方法，就是不懂某某」之類的流氓論調。而且這種論調，在一些羣體的保駕護航之下，竟然長盛不衰。這是令人喫驚的。當然，這跟教育有關，跟不善於思考的習慣有關。

任何學問，可以允許出現錯誤，但不能允許出現刻意做假。丹道文化也是如此。如果能從質疑中審視自己知見的錯誤，從而修正自己的知識，未必不是一件好事。但現實中，一些人則刻意製造錯誤，並且爲了掩飾一個錯誤，不斷地制新的錯誤。這對丹道不是什麼好事，却也很難分辨。我很希望，真心想瞭解丹道這門學問的人，能多思考，多質疑。古人嘗言：「大疑大悟。」如果盲目地迷信，恐怕難免上當受騙。

在中國古代，游學論道是一件雅事。相互辯論，相互學習，相互促進。而現在的一些人，却很是害怕辯論。一旦有質疑的聲音，各種陰謀論隨之出現，甚至用一些不太光彩的手段。這是值得警惕的。

在我的文字裏，有一部分確實涉及了一些人。我當時的目的，原是爲了通過某些人的某些事，提醒大家注意。除了極個別的人，一般都是隱其名姓的。只是經常有人注意了「人」，而忽略了「事」。這是無可奈何的。

二〇一五年七月八日蒲團子於存真書齋

從西派教外別傳之鼻外虛空法的弊端談起

近日看到一篇關於修習西派教外別傳一支之鼻外虛空法出現弊端的文章，因爲曾經有不少人問過我這種丹法的問題，也有幾位未曾謀面的朋友因修習此種法門出現弊端而垂詢於我，故我想談談自己對這種方法及相關內容的一些看法。

西派教外別傳一支，始自吳天秩，吳天秩傳汪東亭、柯懷經等人。吳、汪、柯等人的文章中，均未見提及傳自西派之說。此派祖述西派，始自汪東亭的學生海印子徐頌堯。但徐頌堯對西派的陳述與李涵虛的說法不符，筆者曾在李涵虛的西派及相關著作一文中略有談及，若有機會，可詳細論述，此不贅言。

徐頌堯十九歲時，因刻苦讀書而患夢遺、滑精，服藥無效，幾成癆瘵，堪堪廢命。後遇汪東亭，汪囑其一邊吃生藕清心火，一邊做工夫。所做的工夫，就是現在流傳較廣的鼻外虛空之法。徐頌堯修習兩年，病體得以康復。

鼻外虛空一法，取意於老子道德經「外其身而身存」之意，也被稱爲有真空煉形法之餘蘊。據我所知，鼻外虛空這個方法，只是某派丹法的入手法門，後面還有正式的修煉方法。在徐頌堯提出鼻外虛空丹法之前，汪東亭的文章中似乎沒有提到過這種方法。而在今天，對這種方法的宣傳異常熱門，幾有「惟此一乘，餘二非真」的感覺。

徐頌堯因鼻外虛空一法獲得起死回生，證明當時汪東亭的教授真正是因材施教、因人制宜。雖然只是一個入手法門，但可使將絕之病體康復，也說明丹道的殊勝。須知，徐頌堯的得益，是因爲自己身體虛損已極，而夢遺、滑精的病區在下部，故而將意識放在身體上部之鼻部；又因爲其虛損的根本在體內，故將意識放在鼻子的外面。如此做法，可使身體內部的自我修復功能發揮作用，以致身體逐漸恢復康健。所以，徐頌堯用什麼樣的語言來讚美這種方法都不爲過。但是，這種方法也有其局限性，並不適合於每個人。並且，徐頌堯的後繼者，在傳播這種方法的時候，誇大其作用，讓這種方法失去其真，故而使一些初學此道誤入其門而產生身體不適。

因煉習鼻外虛空而出現身體不適的，我見過幾位，基本上都是頭部不適。或兩眼發脹，或頭腦脹痛。其實這種方法出現的弊端，跟守兩眉中間所出現的弊端有相同之處。做觀鼻端白者，若心思呆板，也會出現類似不適。因爲腦部神經比較豐富，鼻外、眉間均與腦距離較近，故不論用意觀鼻外徑寸，還是雙目凝神鼻端，或意注雙眉之間，若稍不注意，沒有真正地做到有意無意，均會引起腦部神經的反應而產生種種的不適。古人著書不言具體方法的意思，就是怕學的人把活法變成死法，以致產生種種弊端。

不論產生何種不適，最好的辦法是先停止做工夫，然後弄清出現不適的原因。產生不適的原因很多，既有性格、學識、信仰、生活、學習等方面的原因，也有對方法理解方面的因素。只有弄清了產生不適的原因，然後再採取相應的方法進行處理，使不適盡快消除。如果停止做工夫後症狀還是沒有消除，則需要做一些消除症狀的方法。比如遠眺綠樹、適當的運動最好是慢跑之類、合理的飲食至少應減少刺激性食物的攝入，如辣椒之類不宜多吃、充足的睡眠。觀察一段時間後，如果症狀全無則可，如果症狀還有，就要考慮求助於醫生。這個時候，最好不要用所謂的「工夫」來消除症狀，否則恐怕會「越幫越忙」。等症狀消除後，再決定下一步如何做。是先讀書窮理，還是總結經驗繼續試驗；是先找明白的人共同探討後再做，還是放棄這種方法，再換一種方法試行。最好的辦法是一邊讀書窮理，一邊向有經驗、有真學識的人請教。

仙道一途，尋師最難。古人嘗言，徒弟尋明師難，明師尋徒弟更難。所以，在沒有明師指導之前，應與有經驗者友善。待得師之後，方可正式入手行功。或者做一些比較平和的方法。所謂平和的方法，一般是指不容易產生弊端的方法。我個人更傾向於陳攖寧先生的「三不動」法，即第一步身體不動，第二步念頭不動，第三步忘記自我。這種方法的最關鍵之處，即是身體不動，其他兩步是境界的問題。

其實，出現弊端並非什麽壞事，這是成長的一個過程。這個過程遲早也要經過的。早發現，早處理，對以後的修養只會有益，不會有害。嚴格地說，大多數方法是不會出問題的（胡編亂造與旁門左道的方法不在此内），因爲這些方法都是前人的實踐經驗。但同樣，不是每一個方法都適合任何人。因爲人的秉性、生活習慣、學養等等各不相同，對同一個方法的理解也各有差異。所以，不論什麽方法都要因人而異。就像中醫一樣，要辨證施治，不可用一法而應萬人，否則，鮮有不出毛病的。另外，出了問題不要懊惱，找找原因，爲以後的學習增長點經驗。

二〇一三年五月十一日

學道與讀書

經常有朋友問我，學道讀什麽書最好。這個問題很難回答。可能是由於工作與自己學習的因素吧，有兩件事我基本不去做。一是不他給人介紹醫生。因爲我跟海牙老師學醫多年，深知醫道與人之生命息息相關，稍有不慎，則可能誤及他人生命。所以，我一般不給相關患者介紹醫生。記得曾有一個朋友身體不適，四處找人求診，後來問我會不會醫，我說會，這位朋友狠狠地批評了我一通，說我會醫竟然不告訴他，讓他四處亂跑。我也笑着對他說，這是關乎生命的問題，沒有人敢說自己有十足的把握進行治療。濟世救人是對的，但也要患者自己願意。二是不給人介紹老師。無論是學道，還是學醫，或是學其他方面的知識，老師很可能影響學習者對此種學問一生的認識。故與之相關的書籍，同樣也不願意介紹。因爲稍有不慎，可能誤人一生。醫生介紹錯了，如果發現及時，還有補救，而老師介紹錯了，特別是一些觀點形成以後，很難改正。

還有一些朋友來函或來訪時常說，自己只讀道書，其他書一概不看。與他們交流時，他們都是滿口的經典。我個人認爲，一門深入固然不錯，但很多東西並不在道書中。有一次我跟一位老兄相談，我對他說，我現在看小說就跟讀丹經一樣，他則說他看丹經跟看小說一樣。事實真是如此。所以，我認爲喜歡此道者，在閱讀時没有必要只讀丹經道書，很多東西在道書以外的其他著作中方可能尋到端倪。

海牙老師曾告誡我們，書一定要多讀，要什麼書都讀。陳攖寧先生也是什麼書都讀的。

二〇一二年一月二十九日壬辰年正月初七蒲團子於存真書齋

再談學道與讀書——兼致某先生

某先生說，自己高考結束，打算讀讀道書，以免空度光陰，因所藏之書頗多，不知從何下手，故只有從一本小說入手，希望我能提一些建議。這個對我來說，確實有些爲難。因爲，讀書是個人的事，讀什麼樣的書，要達到什麼樣的閱讀目的，都是讀者自己來決定的，其他人如果過多地參與意見，恐怕會影響讀者思路。也正是因爲這樣，我雖然編校了十多本書，自己也寫了一本書，但除了胡海牙文集、因是子靜坐法四種、戊子年改訂本名山遊訪記三種外，其他的書我基本上不做推薦。雖然，有不少朋友常常希望我推薦一些書籍，而理論上，我推薦我們自己做的書也理所當然，既可以增加銷量，也可以推廣文化，還能增加出版者與做書者的收入，何況我們書的質量也確實過得去，但爲了不影響讀書者的思維與判斷，我不僅不做推薦，每本書也不做導讀、評論之類的文字。

某先生與我文字交流有一段時間了，這個話題原本不欲作特別回覆，但近年來問及我「初學道應讀哪些書」者頗多，故思之再三，借某先生的話題，再談談我對修道者讀書一事的看法。

某先生剛經過高考，按我的想法，最好能好好休息一段時間。長時間的緊張學習，對身體的消耗頗多，特別是中國現行教育下的學習，對身體、心理均有一定的影響，如能趁此時間，多休息一番，對身心均有益處。當然，休息也不一定是大喫大睡，可以適當外出遊玩。南方山多，找一些清幽之地，做一些適當的運動，放鬆放鬆，最爲相宜。身心健康，遠比一味地讀道書有益。

說到讀書，也不一定要讀道書。記得一位文人曾經說過，要瞭解社會，小說不可不讀。原話已經忘了，大意如此。丹經道書常有「道在平常日用中」。如果不瞭解「平常日用」，僅從丹經道書中尋「道」求「道」，難免會被書所誤。故古人常言：「讀萬卷書，不如行萬里路。」也有「盡信書不如無書」之說。學問常在書本之外，「道」也常常在丹經道書之外。故而某先生在無法選擇時，以一本小說入手，我倒頗爲認同。

我自己也常看一些小說，官場的，情感的，歷史的，現代的，古代的。不限定內容，不限定體裁。比如小說，似乎跟修道沒有什麼太大的關係，但恰恰透過作者講的故事，可以爲修道者求師訪道及處世用心提供一些不可低估的參考。民國年間雲遊客即著名評書大家連闊如先生所著的江湖叢談，對江湖中各行當作了相當的介紹，其中不乏江湖情義及江湖騙術。學道者，此書不可不看。如果能讀透這本書，則會減少上當的機會。所以，學道不一定只讀道書，眼界可以放寬一些。

某先生附了一些自己所藏之道書，其中有幾本是我所校輯。對於他人校輯整理之書，我不想多作評論，僅對自己整理校輯的幾本書如何閱讀，略作說明。

胡海牙文集一書，有三篇文章需要注意：一是仙學大義——陳攖寧先生仙學理論串述，二是神仙·仙學·道教，三是談陳攖寧仙學的科學性。這三篇文章是我和海牙老師當年爲研究仙學所列的提綱，對仙學問題是一個梳理。這三篇文章對很多仙學理論上的問題都有一定的論述，而且也相對比較系統，所以，我建議某先生，先把這三篇文章讀透。因是子靜坐法四種是做實修工夫必讀之作，但要全書多讀幾遍，等融會貫通後，再實行其中的工夫，或者取其意而不用其法也可。李涵虛仙道集中道德經註釋可多留意一些，仙學中很多東西在裏面都有說明。通一齋四種、稀見丹經初編、稀見丹經續編、稀見丹經三編增廣見聞即可，如有合心意者，不妨多留意一下。

黃元吉的書，未得真訣者很難得其竅妙。雖然很多人都覺得黃元吉的著作淺顯，但口訣一層，一如古例，概不外宣。僅從文字上，很難明其究竟。其著可讀，欲得其旨，還須尋師。向例如此。

某先生與我素未謀面，文字交流已有一定的時間。雖然對其人無太多的瞭解，但從文字中也能看出，其對丹道是有思考的。這在他們這個年齡，還是很值得稱讚的。故而啰啰嗦嗦一大堆，談一談自己的看法，供某先生參考。如果這些文字能對其他朋友也有一定的參考意義，則更善。

二〇一五年六月十四日蒲團子於存真書齋

修學雜談

關於龍虎三家說解析的「著」，已交出版社了。還是那句話，這不是我願意寫的東西，但也是在朋友的督促下，不得不寫的東西。原因很簡單，這個關係到丹道一途的純潔，甚至至關係到道家文化、道教文化的純潔。汝龍道兄在序中有一句話：「三家邪說的喧囂塵上所體現的其實並非丹訣正誤真僞，而是卑劣人性的展示。」這也是我最終決定寫這方面的東西，並出版的原因。此書的出版，得到一些人的攻擊，造謠，乃至恐嚇，已早在預料之中。因爲委實影響了他們的「光輝形象」與經濟利益。所以，前段時間的那一則謠言，是很正常的。其實，仔細看一下，就會發現，那些言論，皆與某「學者」如出一轍。雖未敢斷言是某君所爲，但近之。以後這種事情應該還有，正常不過的事。此後是否還要繼續撰寫與龍虎三家相關內容，尚未決定，因爲手頭還有一些頗爲重要的事情要做。

我評論龍虎三家說的時候，只使用了丹道一詞，而未用攖寧先生所倡導的「仙學」一詞，只是不願意讓龍虎三家這種臟東西玷污「仙學」這個名詞而已。

近幾年，常有朋友談及，現在所謂的學道者中，每每出現沒有道德底綫、缺乏道義的話題。每言及此,大家多苦笑。我在家鄉之時,因爲家中長輩學道者衆,故經常接觸到一些道門長者。他們那些人,確實在道德方面,要比我們今天大多數所謂的「學道者」高出許多。原因可能是他們没有太多道之外的奢求。而當今的一些學道者,對道之外的東西太看重了。所以,當有年輕的朋友跟我討論如何學道時,我常勸他們最好不要學道。現在想起來,當日家中長輩每每勸阻我不要學道,確實是有原因的。因爲學道就有可能要放棄很多東西。以前不理解,現在是深有感觸。

學道是需要師傳的。但誠如攖寧先生所説,明師不做廣告,普通人難以覓得,這種事情得靠緣份。並且,這種事情,徒尋師難,師尋徒更難。仙道傳授不重形式,重在口訣。但口訣又是秘密語,得訣與否,只有師徒之間知曉,他人無從窺其究竟。所以,常有僞邪之流充斥其中。而一些不明就裏之輩,人云亦云,哄雲托月,最終將此種學問弄得雲山霧罩。機詐之徒乘機行騙,而真修者樂得清淨,借機隱修。

把口訣公開,這是外行話。不少人抱怨口訣難聞,但很少審視自己的所思所想、所作所爲。更有一些人,企圖用機詐的手段騙口訣、逼口訣,這些都是徒勞而可笑的。古今祖師教人最多的一句話,説是「先把人做好」。人尚且做不好,妄求仙道,怎麽會有好的結果呢?記得當年某君訪先師海牙先生,叩問南宗工夫。師笑曰,這個東西不説。後來另一位先生得聞此事，便糾合一幫人，聲稱「他不說，我們就在互聯網上罵他」。而又一位先生，一邊不停地給海牙老師造謠，一邊又不停地托人向老師示好。如此種種，不一而足。

我曾跟朋友戲言：「丹道有風險，學道須慎重。」現在的丹道，不乾淨的東西很多，很多時候不易分辨。所以，欲入此門，必須要有清晰的頭腦和科學的精神。否則，很容易上當。

甲午年驚蟄蒲團子於存真書齋

談「坐脱立亡」與「決裂」

靈源大道歌第三十二句云：「坐脱立亡猶倏忽。」陳攖寧先生註曰：「倏忽，是頃刻之間。坐脱立亡，是坐着或者是立着的時候，我們的神倘若要離開肉體，頃刻就可以離開，不至於被肉體所拘束。」

蒲團子按　這裏所說的坐脱立亡是工夫的一種境界。現在我們所常見到的坐脱立亡有兩種：一是工夫到了一定層次，修煉者覺身體爲累贅，主動遺棄肉體，出神而去；一是做工夫者無法改變肉體形質，神還未能自由出入，肉體已然損壞，被動棄身而去。這兩種都稱之爲尸解、坐脱立亡，然工夫的高低，大不一樣。靈源大道歌所說的，不是預知生死的坐脱亡，是陽神能自由出入的坐脱立亡。在我們家鄉，修道之人甚眾，大多數人能在臨終前召集家人及道友，告訴他們自己要去了，然後盤膝坐化。當然，有的有病相示現，有的無任何病相示現。這些都是性功很好，但肉體工夫不妙。所謂的神妙形不妙。

靈源大道歌第一〇三、一〇四句：「決烈在人體住滯，在我更教誰制御。」陳攖寧先生註曰：「不貪名利與謝絕應酬，這兩件事，看起來很不容易做到。但是事在人爲，若真肯下決心，未必一定就有什麼障礙。在我自己本身，更是要做就做，教誰來干涉我呢？住滯，即障礙之意。制御，即干涉之意。」

蒲團子按 「決裂」二字，說起來容易，做起來難。陳攖寧先生隱居上海郊區農村時，對當時所居之地的民眾就有「近則不遜，遠則怨」的感慨，可知這件事實行起來很不容易。如果修煉者有把握成就，那決裂尚無不可。若自己無有把握，專心修道之條件又不够，一味只談決裂，不僅會製造家庭和社會矛盾，又礙於學道。

曾有一位道友，在胡先生處求訣多年而未得，便向胡先生作別，拿出所有積蓄，要四處游學。此君向道之誠自不待言，然却不肯在讀書窮理上下工夫，只想着一得訣便會一步登天。甚至說自己是陳攖寧先生的轉世後來此事被一道門敗類引作口實，認爲陳先生的推崇者在製造轉世之神話，胡先生有義務將訣傳於他。胡先生奉勸其先多讀讀書，等機緣成熟再談傳訣一事。而此君一意孤行，離家而去。其家人從其電話簿上找到了胡先生的電話，打電話問老師是否知其去向，並希望老師能提供線索，以便他們尋找。後經各方努力，四處尋找，始將此君找回。時此君已財資將盡。如此種決裂，於己於人都不利。

這裏還有一種緣故。就是在古代，修道是一種高尚的事業，大家都比較尊敬，文人名士亦多談佛說道。且不管其實質何在，就這種環境，對修道者而言，是有利的。而在今日，特别是近幾十年，修道曾被披上封建迷信、牛鬼蛇神的惡譽，又有前幾年借修道行騙斂財者的出現，現在談修道，就給人有一種不合時宜的感覺，甚至有其他的一些想法。且現在不少人以爲修道就是斷絕人情，不食人間烟火，所以反對修道。我的父母對我學道雖没有太多的反對，但絕不十分支持。而我的祖輩中修道者有多人，但他們一點也不讓我學道，並且反對我學道。就跟陳攖寧先生當年一樣，書可以看，都是勸善的。方法口訣，一點都不說。

修道的人，如果要拋離家室，首先要把家庭的一切事務都安排好，並要與家庭協商好，把自己的事業交待清楚，還要考慮到其他各方面的因素，再談是否決裂。

從道理上講，下手速修猶恐遲，但也必須有一定的條件方可言此。

二〇〇八年三月一日蒲團子撰

「學者與丹道」雜談

「學者」這個名詞，是尊稱，跟技術水平没有必然的聯繫。人們只是把一些在研究領域有成績的人稱爲學者，這與「教授」、「研究員」之類經過相關部門考核、評審而來的職稱不一樣，與「碩士」、「博士」之類通過相關考核獲得學位也不一樣。「博士」、「碩士」、「研究員」、「教授」之類的稱謂，可以跟姓名聯署，即「某博士」、「某教授」等。「學者」則不能這樣使用。如果稱呼人爲「某某某學者」，文理欠通。所以，既然是尊稱，則不適合自己用來稱呼自己。但現在經常看到一些研究圈裏的人，自稱爲「學者」，我覺得比較可笑。相聲大師劉寶瑞先生有一段相聲中就曾諷刺過自稱爲學者的人。記得我當年在某道觀，跟某道長閒談，說到人們對道士的稱謂。我一般稱呼道士爲「道長」，即使這個道士出家不久，也一樣稱其爲道長。這不僅是對其人的尊稱，我認爲也是我對道教的一種尊敬。而這個道長告訴我，他們的「道長」稱號是國家認定的。我不知道國家是不是有這個認定系統，但他的這個回答讓我哭笑不得。

我以前在某研究機構供過職，對當前職稱考評中的事情也有一定的瞭解。看看現在的新聞報導，院士的評審都有不當的行爲存在，其他職稱就更不用說了。海外的學術職稱評定情形如何，我不得而知，但我對國內的一些學術職稱，確實沒有什麼好的感覺。當然，不可否認的是，國內大多數學術界人士還是嚴謹的。記得我們當日在單位工作時，一些堪稱科學家的人士，爲人謙和，對學術問題、科學問題嚴肅謹慎，對我的影響很大。

專業人士參與丹道的研究，本應該是一件好事。因爲民間的研究畢竟比較散亂，各自爲營，且研究條件與專業素養也參差不齊，如果由專業人士來研究，系統性、條理性相對會好一些。但丹道也有他的特殊性，即必須以真修實證爲基礎。這一點，對學術界人士來說，是一條鴻溝。所以，以前專門研究這門學問的人很少。充其量研究一下歷史，歸納一下經典。

自二十一世紀初，由於風行近二十年的氣功大潮落幕，一些學者便將目光投向了與氣功有密切關係的丹道。在一段時間內，學界關於丹道的研究著作及整理的丹道典籍，比以前多了不少。但固有的問題——實修，依然難以逾越。我曾經認識一位道教學者，此人對道教的推崇無以復加，對道教的宣傳也不遺餘力。其曾寫過一本關於道教修煉的書，就其中內容與我討論。我看他的書中有一句話是「可指導修煉者修煉」，便問他是否跟過老師，是否做過工夫。他的回答是，這些都是他從書上看來的。我便再也沒有跟其談關於修煉的事。後來據說此人還創立兩門跟道教修煉有關的學科。

前幾天一位朋友來我的住處，說某處有一位高學歷的人在開辦丹道修煉培訓班，問我具體情況怎麼樣。他說的那個人我知道，也見過。這個人的言論我也粗略瞭解過。克實而論，我實在對其沒有什麼深刻的印象。至於其所傳授的內容，似乎更像心理上的一些東西。朋友告訴我，這個人收費頗高，而且培訓的精英人士。我問朋友，那個人傳授的是什麼內容。他說有靜坐，還有道家的一些東西。我說，如果是靜坐之類的東西，就沒有必要去學了。因爲靜坐這門學問，在中國已經傳了幾千年了，如果懂得了根本，其他只是隨圓應方而已；如果不懂根本，就是學了這個人的方法，依然會出現其他問題。

我並非對學者或者學術界的人有什麼意見，只是現在一些學界的人士，其研究態度與治學精神，實在不敢恭維。看看現在學界的研究成果，呂祖儼然一個花花公子，什麼樣的下乘房中術都能與呂祖牽扯上；張三丰宛若戀童癖，什麼童男、童女之類的東西，竟然成了丰祖的嫡傳；西派李涵虛，更是玩弄女性高手。等等。這些學者，讓我怎麼能尊重他們呢？

現在的一些學者確實在道教或者丹道圈子裏面備受熱捧。這跟道教或者丹道圈中一些人的自卑感分不開。在近代中國，道教備受一些名流斥責，甚至將中國的劣根性統統歸於道教名下。而道教一些介於宗教與江湖之間的東西，也讓民眾較為反感。與道教關係較密切的丹道，又爲超人之術，更爲一些人所譏諷。所以，一些心理自卑者，便利用自己與學者之間的關係，來抬高自己的身份，平復自己的自卑心理。這些哪裏是道家的風範！何況，對很多所謂的道教學者來說，道教只是他們的一個工具而已，而這些信奉學者的道門人士，又何嘗不是他們工具中的工具呢？

前些年，有人提出丹道學術化。我對其中一些所謂搞丹道學術化的人有過批評言論，便有人認爲我反對丹道學術化。我並不反對丹道學術化，當年與老師也一直努力促進丹道科學化研究。我所反對的，是一些借學術化之名而行其他之實的人。看看當年那些振臂高呼學術化的人們，他們現在是否還在「學術化」。

有不少朋友曾跟我說，他們想學道，希望我能給他們一些建議。我的建議是，最好不要學道。如果真的愛這門學問，多看看書，把這門學問當成一種興趣愛好。不要妄想煉出什麽神通，也不要想着普渡眾生，能當個好人就不錯了。著名相聲演員馬季先生曾經有一句名言：「我喜歡相聲，但不喜歡說相聲的人。」其實，每個圈子都有陰暗的東西，所以還是開開心心當個好人吧。

癸巳年重陽日蒲團子於存真書齋

與某友談中醫之現狀

中醫不適合於院校教育。跟其他傳統學術一樣，中醫更適合於師徒傳承式的教育方式。在古代，一位名醫，傾其一生，也未必能帶出一個像樣的弟子。而今天的西式教育方法，將一大羣只對中醫有概念認識的年輕人，通過一些不相干的文化考核後，招集在一起，統一學習未必是臨床醫生編寫的教材，這樣恐怕很難教授出像樣的中醫醫生。

中醫是一門軟性知識，除了瞭解相應的文化知識，最主要的是學習老師的經驗，體悟人體與疾病的關係，從而解除疾苦。但這種東西，程式化教育很難達到目的。只有在跟隨老師時，耳濡目染，細心體悟，然後再博覽廣參，從而觸類旁通。當然，最基本的條件，就是對中醫要有一定的熱愛。無論出於什麼目的，或爲濟世活人，或爲謀生求存，或是追求更高層的東西，熱愛這門學問纔有可能深入學習、研究下去，纔有可能取得一定的成績。

中醫區別於西醫的最主要的方面，是「活」。即方法靈活。西醫一般都有程式化的治療方式，從最初的檢查，到一步一步的治療，都有成形的規範與方式。中醫則是，不同的醫生，不同的流派，在不同的情況下，用不同的方法。並且，在一種方法不奏效的情況下，還有多種方法。中藥、針刺、艾灸、拔罐、推拿、按摩，內治、外治，都可以隨機應用。

現在的中醫，院校派的，或理論嫻熟，但很難應付臨床。民間中醫，雖常常應手得效，但缺乏相應的理論，或者雖有理論，但趨於神秘化。當前的院校派，很容易取得行醫資格，即有資格行醫，但却缺乏臨床手段與實效； 民間派，多從師學習，學歷低，難於取得行醫資格，雖有療效，但常常面臨「非法行醫」之窘境。當前的法律法規，對此也是無可奈何。

如果今日想學習中醫，最好的辦法是從院校學習，以圖盡快獲取行醫資格。同時，也及時師從真正的中醫老師這種老師一般是可遇不可求的，多是民間醫師。我所知道的學院派教授、博導中，很少有真正意義上的中醫醫師學習中醫臨床。可以同時並進，也可以先院校後民間。同時並進相對要辛苦一些，但所費時間較短； 先院校後民間，相對要從容一些，但在學習階段花的時間要長一些。這個得看個人的機緣與際遇。

中醫大師，在過去是對中醫有卓絕貢獻者的一種稱謂，但現在成了政府認定的一種稱號。這些「大師」們的評定標準，是否合乎實際情況，都很難說。何況，「大師」不是雨後之笋，百年能出一兩個大師就是了不起的了。現在的政策中，却有成批的「大師」，也不可謂不怪。這就跟「道長」這種稱謂一樣。在最初多是對道門人士的尊敬，現在也成了一種官方認定的身份了。奈何！

二〇一四年十一月三日蒲團子於存真書齋

與諸友談西派、黃元吉、陳攖寧仙學等

(一)學習、瞭解西派,自然應該從李涵虛的著作讀起。因爲李涵虛是西派的創始人。也可以說,南派、北派、東派、西派,惟有西派是人爲創造的。東派也是因爲李涵虛要創西派,纔製造了「東派」。南派、北派則是習稱。李涵虛的著作有太上十三經註解、無根樹二註、道竅談與三車秘旨,並輯有海山奇遇呂祖年譜、純陽先生編年詩集與張三丰全集或名三丰全書。我比較喜歡太上十三經註解中的東來正義又名道德經註釋與道竅談、三車秘旨。至於黃庭經註解,我認爲李涵虛的註解太複雜了些。循途錄內容也大有可觀者,只是須要有人指導,否則難明其奧。其他諸篇,可以參考,但不一定要下太多工夫。

(二)經常有年輕的朋友跟我交流西派的方法,但他們基本都是談徐海印的鼻外虛空法,並不瞭解李涵虛的著作,更不要說李涵虛的方法了。故而我一直建議西派的研究者,應該多讀讀李涵虛的書。至於李涵虛的丹法究竟若何,則屬另外一回事。當然,如果願意從鼻外虛空一法一門深入,又另當別論。但研究西派,不瞭解李涵虛的著作,難免本末倒置。這也是我一直想撰寫西派研究暫定名的一個原因。

（三）黃元吉的丹法如何，仁者見仁，智者見智，原不必强同。陳攖寧先生當年私淑黃元吉的學問，主要原因還是黃元吉的方法比較安全。但黃元吉的書中，涉及頗廣，究竟陳攖寧先生所稱道者何在，也是值得思考的。當代推崇黃元吉學說者頗多，但精采之見殊乏。

（四）陳攖寧先生的仙學主張，已見於出版的各種書籍之中。至於其仙學方法，除了「三不動」法、聽呼吸法外，其他很少流傳。仙學必成算是比較明白的了，但還有未盡之意。靈源大道歌中的工夫，只有孟懷山師伯數十年如一日地行持不輟。至於靈源大道歌中的細微之處，恐怕也不是書面文字可以言說的。

（五）傳承這件事，主要是內容的傳承。陳攖寧先生當年學生遍天下，但有僅以書信往來者，有從其得一二法門者。但真正得陳攖寧先生之全者，大概只有早年的汪伯英先生與後來的胡海牙老師。如孟懷山師伯曾明確說過，自己只行持靈源大道歌與仙學必成中的工夫，雖知其他方法之殊勝，但自己無意涉獵。而張竹銘師伯晚年則向海牙老師詢問一些丹法之細節。至於今日，經常看到一些自稱陳攖寧先生弟子的人，是否親炙於陳攖寧先生，不得而知。記得前幾年，經人介紹，某君到胡海牙老師處，聲稱自己見過陳攖寧先生，陳攖寧先生向其「密付本音」。海牙老師問陳先生向他說了什麼，其曰「□□□□」。據海牙老師說，他當時是「啞然失笑」。因爲在某君所說的年代，陳攖寧先生是不可能說那幾個字的。海牙老師的學生，未必少於陳攖寧先生，其間各色人等，也難一律對待。記得我當初與海牙老師合撰仙學大義——陳攖寧先生仙學理論串述。完稿後，老師讓我複印多份，供當時在某公園星期天晨練的朋友閱讀。後來一位女士從海牙老師家拿走了一份，然後公開演講，並將「胡海牙、蒲團子」的署名，徑改爲「胡海牙，道號蒲團子」。還有一位先生，不知什麼原因，把文章中的「陳攖寧」三字，全部改爲「胡海牙」。這樣，「陳攖寧說」，就成了「胡海牙說」；「陳攖寧認爲」，就成了「胡海牙認爲」。乃至「陳攖寧仙學理論」，成了「胡海牙仙學理論」。讓我與海牙老師哭笑不得。更有人將我與老師公開發表的文章，改爲自己的名字，公開發佈。這也是我一度不與海牙老師共同署名的原因。老師意思是要共同署名，他認爲這樣對我有好處。但我實在是覺得太麻煩。這些人，基本上都是與海牙老師見過面的。那算不算傳承呢？所以，無論何種學術，還是要看傳者傳了什麼，承者承了什麼。這是我對傳承的看法。

（六）「口訣」、「秘訣」這些字眼，我不太願意用。因爲「口訣」是要口口抉破的，書面文字很難說是「口訣」。「秘訣」則應該是秘密的，如果公開了，還能叫「秘訣」麽？一些人對丹道並無深入瞭解，也未遇師，看幾篇文章，買幾本書，就以爲得訣，我認爲是不可靠的。至於靠研究此道喫飯的，又不在此列。須知，從古至今，打着丹道旗號誇誇其談者頗多。由於丹訣傳承隱秘，學者很難辨別真僞。

（七）學道人中，還有一些特例。如所謂的仇兆鰲獻丹法於康熙。記得當日與某兄笑談此事，均認爲，當年的康熙皇帝還是很大度的，沒有對仇兆鰲處以刑律就算不錯了。至於重慶某先生向國家獻所謂的「□□丹法」、浙地某先生深信民間流傳的「□□□財產」之騙局並意圖將此消息與國家做交換，也只是一時的笑料。

（八）我數年前跟友人開玩笑曾說過「丹道有風險，學者須慎重」，這是我真實的感覺。這個羣體是很亂的。如果真心想學習此道，一定要有一個清晰頭腦。否則，後果很難預料。

二〇一五年八月二十八日農曆乙未年七月十五日中元節蒲團子於存真書齋

與某先生談

近年來，一直有人提出丹訣屬於公器，不應爲私人所有，應公之於衆，如果保密，是自私，是江湖之類的說法。我見過持這種說法的有兩種人：一種是自己未得訣，或覬覦他人傳承，用手段旁敲側擊，以圖窺視他人丹訣或傳授；二是確屬熱愛丹道，也確對丹道瞭解很淺。所以，丹訣的公開與不公開，在一段時間内曾是熱門話題。記得二〇〇〇年至二〇〇四年，曾經有一部分人，因某前輩曾經講過一些口訣不輕傳，便利網絡給其造謠。其中某人還大言不慚地說：某人說丹訣不傳，那就在網絡上罵他。當然，這部分人在一段時間内，確實是這樣做的。還有幾位先生，在未得傳授的情況，向外界宣稱自己深悉某家丹訣，某先生的丹法，他一看就知道錯在哪裏。也有人認爲，丹訣不輕傳是自私，有其他利益。這些想法，均屬門外漢。須知，丹訣非不傳，而是不輕傳。因爲各人的道德、智慧、生活環境等不同，對丹法的領悟也各異，故歷代前輩均對丹法提出因人施教的要求。這是附合現代科學原則的。又，一些可以完全公開的丹訣，已經公之於衆，不能公開的自然有其原因，這跟私器公器没有太大的關係。至於是否真傳，内家自有公論，不是吹噓可以定論的。

二〇一一年八月三十一日蒲團子於存真書齋

與某君談靜坐

無論做什麼事情，最好能有一個明確的目標。靜坐也是如此。在靜坐之前，要有一個明確的目的，然後可根據自己的需求，查閱相關的資料。最好能在有經驗的人的指導下進行實地用功。

靜坐的重點在靜，其他都是緒餘。至於靜坐中出現一些光點、人像之類，不要去管他。不要覺得是功夫進步了，這些都是靜坐中常有的事情，其中機制，說起來太麻煩。最好是繼續坐下去。如果身體有不適，不能繼續坐時，應結束靜坐，查明原因，然後再根據具體情況決定是否還要靜坐。如果是自身問題，調整方法即可；如果是方法問題，則需要另覓他法，不可再行此法。

古人靜坐目的各有不同，故方法也多種多樣。如修仙求道者，他們對環境、靜坐的時間等，都有特別的要求。如欲療疾病者，在方法也有緩進與急進之不同。緩進者，如平常靜坐，以靜為主，自然而然，待身中自我調節系統發動，促使疾病早愈；急進者，則可能要配合一些諸如呼吸、意念等，以加快身體的反應。緩進雖見效慢，但弊端相對少一些；

急進雖見效快，如果靜坐者心思呆板，稍有不慎，易出現不良反應。又如只圖養生者，宜隨心所欲，不必限定時間，也不必限定方法，有時間就坐坐，沒有時間不坐也可。惟坐時亦當以靜爲主。今日之人，無論城市、農村，大多有社會工作要做，很難有相當的環境供修仙學道，故而除療病之外，皆以養生爲主。經過老師與我多年的觀察與體驗，如果每天能真正地安靜十分鐘左右，對身體已有好處，即有養生之效，故不必苛求過長時間的靜坐。特別是工作較忙的人，本來身體已經困乏，靜坐時則易昏睡。按：如果是正式做工夫，開始時昏睡是正常現象，以後慢慢就不會昏睡了。所以，建議有社會工作的人，儘量以養生爲主，每天靜坐時間不必定要很長。如果條件允許，多坐一些時間也無不可。如果要求更深層次的修煉，最好還是有適合的環境。

一門深入固然不錯，然只囿於一家之言，也未必爲善。故建議多讀一些與靜坐相關的書。多讀書能開闊視野，瞭解更多的知識，並通過相互參究，發現自己所做工夫正確與否。如遇有特殊情況，也可按書中前人的經驗及時處理。

無論做何種工夫，最好能有老師指導。世間的各項藝業，都需要老師指導，何況這種關係到身體乃至生命的修養工夫。但找一個好的老師頗不容易。古人常說須要明師指授，並言只許師尋弟子，不許弟子尋師等。故得遇明師，是機緣的問題。所以，最初學靜，以讀書窮理爲主，然後在條件允許的情況下，向有經驗者請教，或與之相互交流。在實行過程中，如果有不適，應及時停下來處理，不可勉强坐下去。等把原因弄清楚後再坐不遲。即如做飯，飯不熟則可加把火使之熟，如飯已煮焦，則無法下咽了。靜坐如果初遇不適，停下來，雖可能影響工夫之進展，但只要方法没有錯誤，還會趕上。如果勉强爲之，一旦身體出現毛病，則補救起來頗爲麻煩。這種事例我聽聞、所見不少。

二〇一三年三月五日蒲團子於存真書齋

宗教、素食及其他

前幾天跟朋友聊天，談及幾個話題，今就這幾個話題，將我的一些看法發佈出來。想到何處，寫到何處，不成系統，僅供參考。

宗教

宗教是人們對自然界缺乏正確認知情況下出現的產物，也是當時人們對醫學、科學等認識不足而產生的一種心理上的需要。從現在的知識來看，宗教有這樣或那樣的不足，但其最初，確實解決了人們很多概念上的恐懼。今天對宗教的研究，多偏重於哲學方面，但也有很多科學的證據證明，宗教無論從方法方面，還是從理論層次，都有一定的科學意義。

大多數宗教，都是導人向善的。僅從這個方面來說，宗教對於化解世間的矛盾，增進人與人之間和平相處，都是有積極意義的。不可否認，宗教中確實有一些敗壞教門者存在，但這是人的問題，不是宗教本身的問題。

我並非宗教徒，但對真正的宗教奉行者都比較尊重，不論何種宗教。特別是那些真正的宗教踐行者，他們用自己的行爲詮釋着宗教對人性及社會的改造，是值得人們尊重的。

從醫學角度來講，合理地使用宗教知識，可以緩解人們對疾病或死亡的恐懼，有助於積極地看待疾病與生命。甚至在有些時候，合理地使用宗教方法，有可能使疾病患者病體恢復健康。

没有必要把宗教與科學斷然對立起來，如果能對宗教，或者相關宗教方法進行深入細緻的研究，就可能會發現其中更多科學的内涵。

素食

提倡素食，大多數的理論是基於避免殺生。其實這種說法是狹義的。生命並不局限於動物，所謂素食者，不殺的僅僅是明血明肉的動物，對於極微生物的生殺，則無法明確地瞭解。更何況植物之類也有生命，素食也並不是完全的不殺生。其實現在所謂的素食，只不過是孟子中所謂的「見其生不忍見其死，聞其聲不忍食其肉」而已。

這樣說，並不是反對持素食者。自我記事起，我的外曾祖母、祖母及我的叔祖父均持素食。而叔祖終身未娶，一生食素。我的家中，一直到幾位老人去世，還保持着兩套餐具。他們自己食素，但並不勉强我們晚輩食素。或許與此有關，我一直對肉食不感興趣但我並不完全食素，只是平時素食多於葷食。同樣，我也不反對別人食素，且對食素者非常尊重。要知道，人能控制自己的口腹之欲，是需要一定定力的。

從醫學、科學角度來看，素食對於人體的益處要比肉食多一些。但，現代醫學更提倡葷素合理搭配。我比較贊同葷素搭配的飲食原則。

現在確實有一些人對素食推崇備至，甚至對不持素食者多有不尊重之語。其實，「己所不爲，勿施於人」即可，沒有必要强人就己。

因果

因果是很科學的一個命題，任何事情，有因就有果。至於宗教家所謂的三世因果等理論，是很難明確證明的。但這種理論，更多地是爲了讓人多行善舉，有利於社會的和諧。雖然我們不一定要相信宗教所謂的三世因果說，但有必要對這種理論進行深刻的思考。

抛開三世因果說，因果還是真實存在。而且，種善因得善果，種惡因得惡果。記得曾經有一個朋友問我，如何趨吉避凶。我回答他「君子不立於危牆之下」。其實，這就是因果。只有不立於危牆之下，纔有可能免遭牆倒傷身之患。「不立於危牆之下」就是因，「免遭牆倒傷身之患」就是果。諸如此類，在生活中比比皆是。

輪迴

輪迴屬於純宗教的理論。輪迴跟三世因果之類的理論密切相關。一些宗教家曾極力舉證，試圖證明因果輪迴的存在，但這種說法在今日很難得到有效地證實。

二〇一五年一月十九日蒲團子於存真書齋

從龍虎三家「丹法」析判談起

龍虎三家「丹法」析判一書，已於二〇一四年四月正式出版。寫這本書的原因，其實只是爲了把「龍虎三家『丹法』」這種東西搞清楚，書中儘量是分析，批評之辭也不多。目的是讓關心「龍虎三家」的人，能對當前的宣揚者及其宣揚內容有更多的瞭解。雖然有些人對此書之作戴上了這樣或那樣的帽子，但那都不是我及幾位好友當日的本意。

龍虎三家這種東西，自十多年前被「學術化」爲「丹道至尊」以來，一直就有不少人不分青紅皂白，不求事實真相，一味地爲之搖旗吶喊，鼓唇搖舌。他們的依據，僅是這種東西推崇者所謂的「超越」、所謂的「坐飛機」。這些擁躉們，癡迷於「坐享其成」，從而致力於爲這種東西尋求各式各樣的存在依據。但從十多年來的觀察發現，這些擁躉們，其實並不知道「龍虎三家」主張者們所說的真實內容是什麼，甚至並沒有認真閱讀那些主張者的文字。他們只看到了「男不寬衣，女不解帶」、「坐飛機」、「愛如父母，敬若神明」、「坐享其成」，醉心於求「億萬富翁」以促成其事。十多年來，一直如是。這些人中，有一部分人是出於個人利益，並非真心支持龍虎三家說。但大多數則是爲了支持而支持，甚至有人夢想有朝一日能實行之。

曾有人在並不瞭解龍虎三家法的情況，用一己之猜度來認識龍虎三家法，甚至對龍虎三家說主張者張某、某學者及某兄弟的著述不求甚解，便附和「愛如父母，敬若神明」之說，甚是遺憾。益覺我等當日撰寫龍虎三家「丹法」析判確實有一定的意義。雖然這本書閱讀者並不多，但至少能讀到此書的人，對當前的「龍虎三家」說會多一種看法。

曾有人問，龍虎三家「丹法」析判一書是否會在大陸地區出版。其實在香港心一堂出版時，我與陳先生曾有口頭協定，即這本書保留大陸出版權。但從我的本心來說，不打算在大陸出版。一是我不願意爲尋求出版單位費心思，二是不想刪除書中的相關內容。何況大陸出版的圖書，比香港的便宜不了多少錢，故而在大陸出版不出版，意義不大。當然，這也得看情形來定。

其實，我在龍虎三家「丹法」析判一書中明確提出，一家之言、一册薄書是起不到破迷返正之作用的，龍虎三家「丹法」析判的目的也只是讓大家多一個瞭解這種方法的角度而已。今見十多年來，依然有不少人盲從於龍虎三家之說，不能不感慨一番。

二〇一四年九月九日蒲團子於存真書齋

讀古書隱樓藏書

閔小艮的古書隱樓藏書，我很早就聽説過。記得當年初隨師學習時，老師曾對閔氏一系做過評價，認爲此派有真實傳授，但古書隱樓藏書作於閔小艮出事以後，所以内容與其以前的功修有所區别。所以，我一直未全部閲讀過此書，只是詳讀了其中幾篇閔先生的短篇，也覺得虚言多於實語。

前幾天，因某事查閲古書隱樓藏書，讀了大約一半内容，發現閔氏的言論確實很有意思。其丹法方面，很多是奇思妙想，或者東拼西凑，即使偶有一兩句精彩之處，也被埋没於一大堆文字之中。有位老兄當年曾説過，閔的東西太亂，可讀性不高，實用性不强。我當時還不以爲然。自己讀後，始覺得當日那位老兄的説法還算是很客氣的了。

近年來，閔小艮和他的古書隱樓藏書一度被推崇，其真正的原因何在，不得而知。但推崇者中，對丹道有深刻理解的，似乎不多見。我因爲整理道書的緣故，曾有意將閔氏的古書隱樓藏書整理出版。但通過這次翻閲，開始重新慎重考慮此事。從歷史、文獻價值上，這本書有其必然的意義。如果從丹道意義上講，這本書的出與不出是需要謹慎的。因爲其中的理論與方法，多有生造之嫌。

二〇一二年十一月二十日

也談性命圭旨

性命圭旨內容很豐富，是仙學必讀著述之一。陳攖寧先生當年就曾稱讚過此書。但陳先生有一句很意思的話，就是「秘訣應當於普通讀性命圭旨之人所最易忽略處求之」。並且，陳先生也指出，這本書弊端在於圖片與一些小術。這本書我多年前看過，後來也常常翻及，裏面確有精確不移之論，也不乏偏頗曲解之處，也明白了陳攖寧先生當年所說之語。

性命圭旨多認爲成書於明代，以後屢有刊印者。此書不題撰人，或謂「出自尹真人高弟手筆」，或作「尹真人秘授」。至於尹真人究竟是何人，雖屢有考證文字出現，但似乎未有定論。或曰「尹喜」，或曰「尹志平」，或曰「尹繼先」等。至若真人之高弟爲何人，也有不少的說法。當日做書人是否有意迴避這個話題，不得而知。但這些都是考據家的事，並不影響這本書的內容及其在仙學一途之價值。如果是學仙者，只管讀其內容可矣。

至於這本書的內容，曾有人做過這樣或那樣的考證，大約是想證明此書的源淵。也有人對此書所涉丹法的歸屬提出過一些看法，或將其歸於某人，或歸於某派，或歸於某教。以愚之見，如果從學仙的角度，這些工作都是徒勞且無意義的。

此書所涉較爲廣博，且引用前人言論頗多，能得會其中滋味，於仙道一途，益處很多。存真書齋於二〇一二年夏季已將此書列入整理計劃之列，並搜集、收購了影印本、鈔本等數種，準備重新標點、整理，以方便閱讀。昨天，某兄也曾示愚明本性命圭旨，刻工確實精良，內容未暇細讀。因此書係他人求得，故暫不便作爲存真書齋整理本之底本。

說到性命圭旨的版本，有很多種。整理時能找到好的版本固然不錯，但現在而言，好的版本可遇不可求。更何況，現在要購得好的版本，需要大量的資金。我們曾在一些古籍書店見過相關的版本，但價格太高，我們無力購買。此書流傳日久，內容已爲大眾所熟知，影印的價值也不高，況我們的能力有限，也無法做到精良的影印，故而某兄曾推薦某版本作影印用時，我們放棄了，也向某兄致歉。而我們發現的幾種較好的版本，也未努力去購買。這是因爲此書的版本，對我們來說意義不太大。

以上是我對性命圭旨一書的瞭解與看法，至於丹法內容，不在此篇之內，以後若有機會再談。

二〇一三年一月四日蒲團子於存真書齋

談碧苑壇經

碧苑壇經，另一刊本名曰龍門心法。文字大致相同，其間偶有幾處小異。名目之所以不同，可能跟整理者不同有關。此書記錄的是全真龍門派第七代律師王常月對弟子眾講述龍門戒律及積功累德等內容，談煉養之處不多。但對性功修養意義頗大。

我最早讀這本書，是二十年前。那個時候還是很虔誠的，這本書與伍柳仙宗，基本上是跪着讀完的，而且還做了不少筆記。現在讀書一般沒有這種精神，而大多數書也只是走馬觀花，筆記也做得少，很少有那時讀書的氣象。

當時讀的是龍門心法，即碧苑壇經的另一個本子。後來好像又讀過幾次。但讀的是哪種版本、是不是跟第一次一樣虔誠，已經忘了。看來後來讀得肯定不認真。對這本書，我認爲，凡全真道士，都應該認真閱讀，並將之作爲行爲準則。特別是龍門派道士，更應該將此書作爲必讀之作。現在道士們多奢談道德、南華，參同、悟真。而對於這種教門經典，行爲規範，却言之頗少。我曾有意對此書進行一番研究，作爲自己對龍門一派的一點義務，故近年來一直想再認真閱讀一番，然總以種種之借口，未能實行。

前幾日，率真書齋姚道兄、于道兄重刊碧苑壇經贈送，善莫大焉。二位道兄所採用底本爲清代金蓋山純陽宮本，並對原版進行了認真的修補，故刊本質量頗高，版面清晰，尤勝原版。贈愚數本，愛不釋手。姚、于二位道兄對古籍善本的重刊頗爲用心，所刊印諸書皆精美非常。此碧苑壇經亦如此。因愚對此書頗爲鍾情，故閱讀之暇，略爲推薦之。

二〇一四年五月二十九日

關於補虧正法

海牙老師欲保長壽，先補虧損一文中曾提到一則守陰蹻補虧損的方法，此法之原文如下。

每日不拘何時入座，腰帶放鬆。坐定後，呼出粗濁之氣一二口，即收心神於命門，不事他顧，專一於此，勿令念起，「如鷄抱卵須常聽」。如此每日行持，坐一二小時，或能多坐更佳。如覺兩腰間轆轆跳動不已時，隨即以意送入陰蹻即針灸家的會陰穴，既至陰蹻，又覺其中掣掣跳動，雖跳動却不要理它。待更覺渾身通泰心如迷醉，遍體脈絡皆覺活動，暖溶溶如坐春風之中，我亦不理它，只自專心致志安居其中。如此凝定、跳止，萬不可稍有邪念意淫，否則自誤匪淺。

口鼻之息名爲外呼吸，與內呼吸之動作正相反。鼻中之氣吸入則內呼吸反迎而上升至臍輪。鼻中之氣呼出則內呼吸反而下降至海底。如此情形，久久自然升降，則無弊病。若稍存意念送他上下，則此內呼吸與我靈明不能融化爲一。其要緊處，惟忌念起。念起神散，雖坐無益。總之，務要此虛靈不昧之神歸入陰蹻穴中而不出，安居既久，則神自化氣，氣自化精。

初坐，約得三百息，繼漸加至五六百息，兩腰之中及小腹，漸漸覺熱，體素畏寒及手足素冷者亦覺其熱。而後使陽氣化爲陰精。如是每日行持，以填補歷年之虧損，並爲藏陽之地步。故此補虧一法，是謂清靜中接命添油之秘訣也。此法不是煉精化氣、煉氣化神，乃是以神化氣、以氣化精。因爲年高體虧之人，身中已無精可煉，故不能不借重此法。由此步功夫做完，而後再行煉精化氣，方是進步之途。

攖寧師曰：神仙家每於陰蹻一穴秘而不宣，且云輕洩者必受天殃。推其本心，非吝不肯傳，蓋人不論男女老少，若得此陰蹻種陽之訣，其腎陽立能變弱爲强，易如反掌。而陽旺思淫亦爲常人所不免，此道本爲壽世，今反用及助淫，是貽害於世也，故必擇人而後傳者，一也。其二，又恐落人江湖騙者之手，搬弄是非，致虎落平原反被犬欺耳。

這個方法，有人曾說來源於丹經指南之補虧正法。故我又查閱了丹經指南一書。其中的補虧正法之實修部分如下。

其法可預構一淨室，上下均置木板，以免濕氣蒸入。室中務要明暗得宜，風日不侵。窗闔開閉，須看天時。置一堅木榻於室中，榻上先鋪椶毯，上加軟厚褥，務令兩腿足骨下面坐久不痛爲度。乃於每日不論何時，一切世事漠不關心，腰帶、褲帶均須解放，内外衣服要整楚抖鬆，寬暢適體，勿使裏扯牽纏。坐定後，呼出粗濁之氣一二口，即收散外之神明清氣，攝入絳宫，令定，萬緣澄寂，勿令念起，復出片時，心氣溶融和平，然後以意移入天目，俟凝定片刻不散，復以意由泥丸倒轉玉枕，直注入夾脊。

即至夾脊，即自息心靜氣，養我浩然，不事他顧，專一於此，勿令念起他散。如此每日行持一二時，或能多坐更佳，愈多愈善。氣壯者五六日，氣衰者至遲十五日，即覺夾脊中熱如火熾，且加肫痛。直待有此景象，便以意將此夾脊熾熱之火送串入兩腰，即覺兩腰轆轆跳動。察其跳動不已時，隨即以意送入陰蹻。

既至陰蹻，又覺其中掣掣跳動。雖跳動，我只不理他。又覺渾身通泰，心如迷醉，徧體脈絡，皆覺活動，暖溶溶如坐春風之中，我亦只不理他。即張紫陽所謂「陰蹻一動，百脈皆動」，故有此景象也。只自專心致志，安居其中，若久客初歸家之主人翁，深深休息於陰蹻穴海底之內。如此片刻，自然而然，凝定跳止，便自細細內觀默察，覺我之氣根，實從陰蹻底起，上升至臍輪，即自止而不上，復由臍輪下降至陰蹻底。自是升升降降，不出此三寸一分半之間，任其流行上下之，靜守天然化合之機，萬不可稍有意想，自誤匪淺。

而口鼻中，外呼吸，若非己有，覺與此內呼吸毫不相關也。非真不相關也，因此內呼吸與口鼻之外呼吸，正相反耳。何則？若以常理推之，口鼻之氣吸入，則內呼吸正當降入海底，今反迎而上升至臍輪，與口鼻吸入之氣兩相轃接，口鼻之氣呼出，則此內呼吸正當升上同出，今反背而下降入海底，與口鼻外呼吸出入之氣毫不相通相連，豈非正相反乎？且自有入而無出也。坐之久久，認得真切熟溜，我却勿去做他主張，只自由他上，我亦隨之而上，他下，我亦隨之而下，只任他自然升降，則無弊病。我苟或容心於其間，稍有意見，欲送他上下，則此内呼吸，與我靈明，便相錯亂違背，不能溶化爲一，只三四息，便覺小腹氣脝。苟患此弊，必重新整頓，再坐絳宮，再凝天目，再注夾脊，重入陰蹻，如調劣馬，如責頑猴，久久馴熟，自無此弊。大抵最難收攝是心火。今欲以之入水，誠非一日所能致也。其至要緊處，惟忌念起。念起即外散，雖坐無益。總之，務要此虛靈不昧之體，歸入陰蹻穴中而不出，安居既久，則神自化炁，炁自化精。精炁神三者，渾而爲一，更不知何者爲精，何者爲氣，何者爲神，斯得之矣。設或於初行時念易動、神易越，不肯安居陰蹻中，則亦不妨以息若若之，使其有所依傍，而不外散，是亦勉强一法。若是既久，自得坐忘。如是初行，每坐若得二三百息，繼漸日加至五六百息，約抵旬日，兩腰之中及小腹漸漸覺熱，體素畏寒及手足素冷者，亦即覺熱。陽莖必時翹舉。慎勿近婦女，是爲大要。此爲初得先天炁，不可即採。待其舉過自軟後，制至欲心不動，此陽乃化爲精。如是每行持，每日陽舉，只自不採，讓過月餘，乃以日積我精也。所以積精者，即以爲藏陽之地也。此補虧一法，又名添油功夫也。

從文字來看，兩者確有密切的關係。其不同者，是海牙老師收錄文字較簡，方法比較純粹，無太多後天手段。簡而言之，即先守命門，待命門氣動，送入陰蹻，任其自動自化。而丹經指南之方法則略嫌繁雜。其法先守絳宮，後轉天目，逆上泥丸，倒轉腦後玉枕，次降夾脊，待夾脊氣動，遂送入命門，至門命氣動，再送入陰蹻養之，以後始漸偏於自然法。無論醫學角度，還是仙學角度，海牙老師所收錄的文字比較安全、簡潔，適應人羣廣；丹經指南收錄文字繁瑣，如果心思呆板之人行之，易出毛病。有人曾認爲，海牙老師所收錄的文字，是改自丹經指南。其實，丹經指南的作者張松谷當年在上海時，陳攖寧先生亦住在上海，而從相關資料來看，他們的距離並不遠，是否有過互訪也難說。而這種方法，也未必是張松谷先生自創，故是否删改，並不影響這篇文章的作用。再者，如果確爲攖寧先生改自丹經指南，改後的方法則優於原來的方法。究竟是何種情況，現在恐怕難以追究了。

關於此陰蹻種陽補虧法之效果，我曾跟老師討論過。即「腎陽立能變弱爲强，易如反掌」，恐怕效果没有那樣明顯。本法稱適合於老年虛損者，但我曾將此法介紹給年輕人試驗，也未有立竿見影的效果。老師也說，這種方法是陳攖寧先生得來，效果確實没有傳說的那樣明顯。後來有朋友曾向我問及此法，爲了體驗一下這種方法的效果，我曾實驗了一段時間，結果還是符合我的心理預期。從我自己的實踐結果來看，這種方法是有道理的，而且也確實有效果，對以後下一步工夫也有幫助。但這種方法跟每個人的個人條件有關。效與不效，在人，不在法。同時，還應清楚，除了使用特殊藥物能使腎陽立强外，用工夫强腎，是需要過程的。切莫抱着市儈的心態，意圖一時之立見捷效。另，此法確適於老年人，年輕人還是先從清心靜氣入手爲妥。

補虧的方法很多，有動功，有靜功，守陰蹻法只是其中的一種。如果用守陰蹻法不效，可以用其他方法，没有必要因「腎陽立强」一語而死守一法，那樣則不免削足適履之譏。

二〇一四年七月八日蒲團子於存真書齋

與某先生談最上乘天仙修煉法

最上乘天仙修煉法的爭論，是舊話題了。最初的爭論，起自二〇〇四年前後。具體時間我記不大清楚了。最上乘天仙修煉法最早收錄於我們的自印本仙學精要小册子。原因是先師海牙先生仙學指南出版及老師與我撰寫的仙學大義——陳攖寧先生仙學理論串述一文公開發表後，收到了很多讀者的來信，詢問有關仙學方面的內容。因爲有很多問題類似，故而海牙老師提出編寫一個小册子，凡以後來信問及相關問題者，即可寄一份小册子，會省去很多筆墨工夫。同時，這本小册子也可填補仙學指南一書中未盡之意。我便根據老師提供的資料，整理出小册子一份。内容包括仙學大義、爲淨密禪仙息爭的一封信、最上乘天仙修煉法、聽皮膚法真義及床上養生操、户外養生操等。最上乘天仙修煉法即是其中的一種。當時我在幫老師修訂仙學指南一書，這些内容也計劃收入仙學指南修訂本中後名曰仙學必讀，由香港天地圖書出版公司出版。

最上乘天仙修煉法最初只在内部流通。最初的册子是由我找人印製，共二百本。後來老師執意自己出資。後臺灣某先生又拿我們印製的册子印了二百本。這本小册子的成本不足人民幣五元。大約是某年的春節前後，河南某君來訪海牙老師，老師順手送此君一册仙學精要。此君回河南後不久，即將仙學精要改編一番，以人民幣一二百元公開出售。而其宣傳資料中，最上乘天仙修煉法則是其主要噱頭。號稱自己挖掘整理所得云云。此舉是極不道德的。有鑒於此，我便與海牙老師商議，將此篇公開發表。

最上乘天仙修煉法於雜誌公開發表後，受到了不少人的質疑。主要有兩個部分：一部分是篇末海牙老師的按語，二是本篇内容及傳授的真實性。海牙老師的按語，是我根據老師當日給我此篇時所談的内容整理，經老師同意後附於此篇之末。至於内容上，主要質疑其與王重陽五篇靈文的關係。開始的討論，是在網絡上。是否跟自稱「金石軒主人」的某匿名學者那篇文章有關，已記不清楚了。但當時討論的人及觀點，基本上與金石軒主人相若。

對爭論，我曾以自己所知，意欲解釋一番，然結果令人頗爲喫驚。這些所謂的質疑者，基本上是一口咬定，這篇文章是作假，是我與海牙老師借陳攖寧先生之名編造所得，是改編自五篇靈文。更有人提出要幫我詳細分析這篇文章，並將證明陳攖寧先生的最上乘天仙修煉法確是來源於五篇靈文，尚撰有大篇幅的文章。由於質疑者人眾，我自己也不免有些疑問，遂將自己所疑，求證於海牙老師。老師未對質疑表示意見，但向我詳細解釋了這篇文章。聽完老師的解釋後，我更相信這篇文字真實不虛此前我也曾查閱過五篇靈文，文字確有相類，但骨架是不同的。此後，我便很少再對此篇文字進行辯駁。若干年後，當年參與質疑的人中，有幾位跟我交流相對頻繁。更有某兄與我在學理上交流頗深。談及當年，方知那時的質疑者，近乎一個組織。雖然他們質疑的地方並非全無道理，但目的却各有不同。純粹爲了學問者，委實不多。再後來，我見到陳攖寧先生最上乘天仙修煉手迹。金石軒主人那篇文章，好像最早發表於網絡。金石軒主人即某學者。那篇文章的目的，主要在於造謠中傷的那部分，至於其不着邊際的理論，其自己恐怕也未必認可。其自稱西派，也不是無據。聽說其在某西派傳人的墳前磕過幾個頭，從其家人手裏買過幾份手稿，遂自稱某先生的弟子。然而，這位自稱「西派」的人，在整理其「先師」文稿時，竟然將其師西派傳承的具體文字盡數刪除。曾有人將金石軒的文章呈於海牙老師。海牙老師問我什麼看法，我說不用管他。對這種人，没有必要理會。故對金石軒主人的那篇文章，我一直没有正式做過說明。

至於最上乘天仙修煉法與五篇靈文，記得鄭觀應在談七真靈文五篇靈文的另一個版本時，也提出過，與他見到的其他版本有別。也就是說，五篇靈文的版本，並非惟一。那麼究竟誰的本子是真本，如何認證，没有任何依據。現在所謂的證據，只是公開發表的早與晚而已。而判定者認定的依據，則是先出者真實不虛，而後出者則爲鈔襲、則爲編造。這種說法，是不客觀的。特別是中國傳統文化，特別師傳口授的東西，如中醫，如內家拳，如丹道，僅從文字方面，很難得出究竟。

關於最上乘天仙修煉法後面所謂的「此篇不過五百四十字，包括全部丹法在內。無論南派、北派、東派、西派、陳希夷派、張三丰派，皆不出此範圍。只有其他下品、旁門小術、江湖邪教等等，纔與此法不符」是否合適。其實，凡內丹之道，根本內容是一致的，至於不同之處，屬權法範疇。何況，陳攖寧先生當日傳海牙老師這篇文字，只是師徒之間的授受而已，見仁見智即可也。

這些年來，一直有朋友跟我談起最上乘天仙修煉法。我認爲，我十年前的觀點並沒有什麽不妥。

二〇一四年六月四日

胡海牙文集增訂本後記

海牙老師文集的增訂版去年已正式出版，由於各種因素，我於今日纔見到此書。增訂版的內容，已有多次說明，故無須再說。其中幾幀老師生活及打拳的照片，多少有些意思。只是這次封面設計方面，可能書名和封面的照片略有些大。但不影響書的整體風格。封面上的照片，是老師比較喜歡的一張照片，我們略作了處理。封面雖然簡單，但看起來還是比較舒服的。書名幾個字如果再小一些，可能會更好。下次如果還要印，可以試着修改一下。

如果說有什麼書隨便翻開一頁就能直接讀下去，我的書桌上，胡海牙文集算一種。雖然書中的內容，大多數經過我之手，但每每讀起來，還是覺得有些味道。當日與老師撰寫一些內容的時候，一些細節的討論乃至爭執，時時會浮現眼前。前兩天去看望一位同門師兄弟，也談到老師。老師是很有意思的一個人，特別在學問方面，他並不以自己是老師就不允許學生質疑，而是你越提出反對的觀點，甚至是古怪的觀點，他越是喜歡一同研究。當然，也少不了讓我們這些學生「欺負」。老師有一句話，就是：「你們只有超過了我，纔能算得上我真正的學生。」並且，他在面對不明白的新鮮事物時，絕對是虛心地向學生請教。如果學生在一些問題上的看法有特殊之處時，他總是會及時告訴學生，說學生的看法好。不僅如此，他還不止一次地在他人面前說，現在學生的一些看法，已經超過他了。我們當時以爲老師是在他人面前捧自己的學生，或者是開玩笑。但當我們跟老師談此事的時候，老師則正色地說，時代不同了，學生瞭解的東西，有些他已經不瞭解了。

老師寫文章，不喜歡長篇大論。我總是覺得有些問題不一兩句話能說明白的，故而寫的東西文字偏多一些。老師則一條一條地審核，然後把不相干的內容一一删除，並把删除的原因告訴我。他常說，寫的文章，一定要人家看得清楚。如果看不清楚，人家或者要繼續來問，或者會失去信心。所以，不要搞故弄玄虛的東西。記得有一次我替老師給外地讀者回信，因爲當時一些特殊的原因，我的回覆極其簡單，只寫了一兩句話。後來讀者因爲沒有解決自己想解決的問題，便再來信，並將我的回覆一並寄來。等我與老師見面的時候當年我每星期至少要去老師家一次，多數時候是隨叫隨到，告訴我這件事，並說，應該幫人家把事情弄清楚，這樣簡單的回覆，不合適。好像當時那位讀者是要一份什麼資料，在書店買不到，後來我便複印一份他想要的東西，寄給了他。

一直以來，就有人對老師總有一些不合適的說法。其實，有不少人是盯着老師的東西來的。有的是實物，有的是無形的東西。老師非常清楚這種情況，但又無可奈何。記得有一次老師跟我談這些事情，我笑說對他說，沒辦法，誰讓您是名人呢！

今天收到了老師文集的增訂本，其實也很感慨。故而拉拉雜雜地閒說一番。空洞的話也就不說，希望這本書能給讀者提供一些思考或者幫助。

二〇一五年五月一日農曆乙未年三月十三蒲團子於存真書齋

一位「大師」的消逝

晚上在網絡上查閱資料，偶然發現一位被奉若神明的易學「大師」竟然於去年仙逝了。說真的，還是有些遺憾。這位被稱爲易學大師、丹道大師的老先生，享年八十多歲。在我感覺裏，他不應該只活到這個歲數。

記得當年在重慶的時候，某先生問我要不要見識一下重慶的奇人、大隱，是易學方面的，水平很高，一般人很難見到。當年我年方三十，對這種神人還是有些期待的。但某先生一直未能安排時間陪我去。又過了一段時間，有朋友問我，要不要見見一位大隱，易學大師。一打聽，原來說的是一個人。又因故未能拜訪。再過了一些日子，一位大姐告訴我，她見到了一位易學大師，給她改了名字，並給了她兩本書是否買的，我忘了。還是同樣一個人。我無緣一見。所幸這位大姐手中還有兩本書，可以先從書中來瞭解。純粹易學的書，我很少看。翻開這本書，看到了一個搞丹道的「學界名流」及一位博士生的照片，好像還有其中一位或者是兩位，記不清了歪七扭八的鋼筆題字。好像還特別標明兩人的學術身份。我還在翻閱中，那位大姐告訴我，這個大隱，一般人見不着，學生都是大款，或者當官的，有身份地位的人，不少人晚上開着豪車去他的家。並且，這位大姐也意欲帶我去拜訪這位大隱。看着手中的書，和大姐激動的神情，我真的對這位「大隱」沒有了感覺，也已決定不去拜訪他了。出於面子，我把這位「大隱」的書拿去看了幾天，除了書中的某些內容是被某學者欺騙及拍「龍虎三家」說的馬屁外，我對其書無甚深刻印象，對其水平也實在沒有什麼信服的地方。試想，號稱「易學大師」、「丹道大師」，被一個學術無賴三言兩語就能騙了的人，這怎麼能讓我相信呢？後來，聽說某學者向他的學生們推銷這位「大隱」，我的一位朋友也在其列。當時我勸我的這位朋友，不要去見這種人，但最終這位朋友還是……聽說，當時有一羣人去參訪此「大隱」，並執弟子禮……

沒有想到這位先生已經走了。老先生的逝去，還是讓人覺得有些遺憾的。記得當年在重慶的時候，很想去拜訪一下張義尚先生。雖然我對他的學問有質疑，但我很想聽他親口說說他對「三家龍虎說」的真實看法。因爲，我覺得以他的學識，不會受這種愚弄的。可惜，我去的那年，張義尚先生已逝去幾年了。對於這位「大隱」，我也很奇怪，他真的就被愚弄了嗎？或者……這不可能有我想得到的答案了。即使當面求證，也未必能得到真實的答案……

我注定與這些「大師」們無緣的，也注定要質疑這些「大師」們的，也注定無法從他們口中得到想要得到的答案。或許有人會說，可以從他們的書中找答案。名山遊訪記中有一句話：「經目之事，猶恐未真；背後之言，豈足輕信？」何況，文字是最能騙人的了。

一位「大師」逝去了，一位被稱爲「易學大師」、「丹道大師」、「真正的大師」的「大師」，一位被「學術認證」了的大師。總之，一位老人走了，可能帶走了屬於他們的秘密……

二〇一五年六月二十六日深夜蒲團子於存真書齋

白雲觀見聞

昨天，某老弟去白雲觀燒香，約我一同前往。因爲好久沒有去白雲觀了，所以欣然應允。

到了白雲觀門口，依例購票。不禁有些許感慨，遂與某老弟笑曰：「本是來看祖師爺的，但沒有門票祖師爺則拒絕接見。」某老弟亦笑。不知道一九四九年以前的宗教場所是否都需要購票入內，但現在的知名宗教場所，不收費的少。似乎可以這樣說，凡是想禮祖參佛，門票這份買路錢是不可少的。看來祖師爺們也無法不食人間烟火。

進入山門，我們先去了法物流通處。靠裏面的一間單獨小屋內，有各式的法衣及拂塵等。最讓我感興趣的，是擺玻璃橱櫃裏面的一些石刻印章。有「無生老母」的，有「齊天大聖」的，還一些不知所云的。白雲觀，這是道教全真龍門派的祖庭，全真道教最具代表性的場所之一，雖不能說事事要合乎道教之大義，但將「無生老母」、「齊天大聖」之類的印章擺放在這個場合裏，似乎太不合適了。當然，還有不少符。像什麼「斷桃花符」、「求財符」等，幾乎是只有想不到，沒有「符」不到的。

我不怎麼燒香，只燒心香。記得母親曾經說過，心到了就行了。某老弟很虔誠。一路燒香，見到不少俊男靚女，用各種不同的形式燒香禮拜，心中頗有感觸。倒一位虔誠的身有殘疾的老太太讓我很感動。她架着雙拐，背着一個大布包，行動很是不便。在指定的地方點燃香，然後在香爐前念念有詞，恭敬地將香插入香爐，隨之入正殿及兩側的偏殿禮拜。而每座殿前的階梯，給老人的行動更增添了不少麻煩。看着老人蹣跚地樣子，也是頗有感慨。老人在進入某殿堂禮拜的時候，把自己的背包放在一個供遊人休息的長凳上，想讓兩位值殿的道士代看一下，但道士以觀裏規定不讓代看爲由拒絕了。因爲我未入殿燒香，老人便托我看管，自然是義不容辭。

當某老弟從禮拜的殿堂中出來，老人家尚未禮拜完畢，我便與某弟閒談。順便就提起了道教關於「爺」字的說法。道教對一些老道長的稱謂，一般都冠一個「爺」字，以示尊敬。而我前幾天看到某電視臺拍攝的一個電視紀錄片中，也把一位道長「某爺」、「某爺」地稱呼。這種稱呼不能說不對，但作爲一個公眾媒體，似乎以中性的詞語來稱呼當事人。我認爲稱爲「某道長」最爲合適。因爲「道長」一詞本身就是對道士或道門人士的敬稱，並不一定要用「爺」。如果只是某道長的信徒，「爺」字當然不過份，但讓所有人都稱其爲「爺」，似乎就不妥了。某老弟也同意我的說法。老太太禮拜完畢，我向她交了差，繼續與某老弟一道前行。

早就與某老弟約定好在雷祖殿磕頭燒香，並提及在老家參訪威嚴深邃的雷祖洞時有「不做虧心事」的感觸，結果行至雷祖殿，發現殿門上鎖緊閉，整個白雲觀只有這一殿上鎖了，頗有些遺憾。按：二〇一二年夏季，我回陝西老家，與弟弟一道步行往磨性山。磨性山離我家很近，二十世紀八十年代初，由我的外曾祖母與我的叔祖父等籌資、請工匠重修。山上原來的功德碑上，還記錄了這些事。這次我們去的時候，磨性山已翻修一新，舊碑被砸爛。山上各洞的神仙基本換成「金身」。當年叔祖父與父親泥塑的神像，基本被換掉了。還有一兩個洞的泥塑彩身神像在。其中有一個洞，即雷祖洞，又稱三十六將軍洞。洞深二三十米，每座神像兩米多。當時我和弟弟站在門外，看着森嚴的雷祖洞，心中凜然，考慮要不要進去。因爲裏面光線不好，感覺非常威嚴。思忖片刻，遂毅然與弟弟步入洞中。行走在洞中，兩側神像威武莊嚴。緩緩行入洞深處，是三尊神像，當中爲雷祖像。然後我與弟弟又緩緩行出。出雷祖洞後，渾身一陣輕鬆。我和弟弟感慨道：「不做虧心事真好！」此處即指此事。

當我們把所有的殿堂走遍，看見那位老太太已在四御殿前燒完香。老人看着二樓的三清殿，笑着對我說，樓上不方便去了，就在下面燒燒香算了。然後擦擦滿頭的大汗，說，終於燒完了。

白雲觀現在醫館的所在地，以前好像曾經住過震陽子曹信義道長。拜訪曹道長，是一九九四年前後。對曹道長最深的印象，就是老人形象很好，很有仙骨道風，言語直爽，爲人和善，極有風骨。雖然參訪次數不多，所得甚少，但在某些方面對我還是影響不小。現在，曹道長以前住過屋子已改成了醫館的診室。因爲我自己跟師學醫多年，每次來白雲觀都要到醫館看看，看是否有想參訪的醫生。這次在醫館醫生介紹中，看到了一位在網絡上很有名的醫生，故而想參訪一下。不料他這天没有上班。

燒香禮拜已畢，最後一站就是道家書屋了。每次來白雲觀，道家書屋則是必去的。有時候直接跟門衛說一聲，直奔道家書屋，總想在這裏發現點自己需要的新書，但大多數時候是無果而歸。此次亦是如此，没有什麼心儀的書。

出山門後，依例去某書店。店主人與我有些交往。他們書店裏的書相對要豐富一些。正在瀏覽圖書時，一位中年婦女來到書店，要店主人幫其開一張十五元的收據，說是前些天陪某領導燒香，花了十五元的錢，開收據要報銷。當時店主人說，燒香應該花自己的錢，這怎麼報銷啊。中年婦女說，人家是大領導，怎麼好意思讓人家掏錢「請」香啊。十五元人民幣，燒香，收據，報銷……簡直滑稽之極。

從書店出來，我與某老弟一起喫飯，然後感慨一番，各自回家。

白雲觀一直是我崇敬的地方，但每次遊完，總有些感慨……

二〇一二年九月二十六日記

關於習拳悟道一文的一些說明

習拳悟道這篇文章，是我二〇〇二年回陝西後，某一天在縣城郵政報刊亭購買某雜誌時看到的。當時大概翻了一下，見此文中所記錄的事情，與胡海牙老師昔日講給我們的內容差別很大，而且錯謬百出。當日晚上，我便給胡海牙老師打了一個電話，大概說了一下這件事情。老師說這件事他不知道。大約二〇〇二年九月，我回到北京。那時胡海牙老師每星期一在北大醫院有半天的門診，當時隨老師出診的有我、晏龍清、張濤，還有一兩個人，名字記不清楚。我們也是在一個星期一的早上，跟老師仔細談此事。

見到老師後，我把某雜誌連載的這篇文章拿出來給老師，並向老師說了裏面的錯誤。我當時認爲，這裏面記述的名家，不少人的弟子、傳人還在，錯誤的記述，不僅對逝者不尊重，對他們的後人、學生、傳人也是不尊重的，當時還沒有意識到此事關乎武林史實記錄的真實性與準確性。老師邊看雜誌邊聽我的講述。我說完後，老師便問我們覺得該怎麽辦。我們幾個人當時一致認爲，最解決問題的辦法，就是發表聲明，聲明這篇文章所述失真，發表前胡海牙先生並不知道，並請記錄者對錯誤做出說明。老師聽完我們的意見，想了想，說發表聲明不好，那樣對年輕人以後的發展不利，讓我們再想想別的方式。最後，我們就說，讓胡海牙老師跟記錄者聯繫一下，告訴他這篇文章是錯誤的，並向他說明：一，這篇文章未發表部分，暫時不要發表，如要發表，需經胡海牙先生審讀、認可後再發表；二，建議記錄者在發表文章時，不要署胡海牙先生的名字，如果跟胡海牙先生有關的內容，一定要經過胡海牙先生的認可。後來，老師就把這個意見轉達給了記錄者，習拳悟道也就中止了發表。本來我們打算在合適的時候，在相關文章中對此文的錯誤進行一下說明，但一直沒有作相關的文章。

此記錄者還曾改編了老師與我所作的聽皮膚法真義，命名為載浮載沉聽皮膚特別是此文將老師與我所作的聽皮膚法真義一文中末句「另，聽皮膚法尚另有一妙用，然此妙用非為普通說法，且置之勿論」一句，改為「再者，聽皮膚尚另有一妙用，然此妙用非為普通說法。稍稍透出點消息，古丹經云：『當呼吸之機，我則從陰蹻迎歸爐。』陰蹻一穴可以瞬刻間轉化生死，在丹書中從來是秘而不宣的，載浮載沉的呼吸是它發生作用的關鍵，聽皮膚的呼吸比其他方法，更能令陰蹻受用」，這完全與我們原文的本意不同。這也是很不合適的，並撰寫了陰蹻一脈秘不宣此文亦非胡海牙老師的原意，因此記錄者未曾讀陳攖寧先生對「真人之息以踵」之註解，故而其中也有不少錯誤一文。因此，在出版胡海牙文集時，老師說這幾篇文章不能收錄。而胡海牙文集出版後，也有人問及不收此文的緣故。並且，這幾篇文章在網絡上流傳較廣，故經認真考慮後，先對習拳悟道一文略作說明如後。

關於習拳悟道一文的錯誤，很難一一指出，其中包括人名、事件、時間。在這裏，我們只能對比較重要的內容進行一下說明，其他方面，只有以後再想辦法一一正誤。

原文 我三十歲下山在杭州作醫生，有一位朋友是衞生部官員，他說惠蘭中學的體育老師教太極拳，他拉着我去學。這位體育老師自稱是楊澄甫的最後一個徒弟，架子很大，早晨到我家從不走路，都是坐着黃包車來，吃了早點再回去，而且教一點新的便要加錢。開始有十來個人跟他學，最後就剩下了我一個，連介紹我去的那位朋友也跑了。我之所以堅持，是因爲他對我說過：「三年後教你點穴。」到了第四年，我問他：「您看我的爲人，點穴可不可以傳？」他說：「我有本點穴的書，還有把劍仙的劍，書存在五臺山，劍在杭州，等取來書，一起給你。」但從此他不再提了，我也不再提，知道上當了。他教的太極拳只講起式的要領，後面就只教動作。我試着將起式的要領運用到所有的動作中，就有了進境。他有真功夫，所以我纔會跟他四年。杭州廢棄的舊房，他一撞，整幢房子晃，青石板脚一蹬便斷了。楊澄甫以推手著稱，他却不相信推手，所以我也不信。後來，我代表浙江到北京參加武術大會，楊澄甫是評委。我表演完，楊澄甫把我叫到一旁，說：

「你打的是我的拳呀！」原來那位惠蘭中學的老師真是他的徒弟，見拳傳了兩代沒有走樣一點，楊澄甫很高興，我就問他推手的道理。

蒲團子按　胡海牙先生跟楊澄甫先生的弟子奚誠甫先生學過楊式太極拳，但沒有跟楊澄甫先生學過，更沒有得到楊先生指點及傳授口訣。這裏所說的惠蘭中學的體育老師，也不是奚誠甫先生的事迹。至於一撞房子晃、一脚石板斷，則是北京的兩位民間拳師。坐黃包車來去的，是一個江湖人物，不是打太極拳的。而且，這位出門就坐黃包車的先生，與海牙老師沒有來往。點穴的是杭州的另外一位拳師。

「代表浙江到北京參加武術大會，楊澄甫是評委」，這是錯記。胡海牙老師代表浙江省到北京參加「十二單位武術表演大會」是一九五六年年十一月。胡老師在此次表演大會後，還寫了一篇十二單位武術表演大會隨筆，跟楊澄甫先生沒有關係。據老師記憶，當時的評委有李雅軒先生，曾在他表演太極拳後，因同屬楊式，跟他聊過幾句。但由於當時時間緊張，老師未能跟李先生多談。

原文　黃元秀老師，他吃瓜從不吐籽，經常鬧肚子，每次都要我治。他不信西醫，我要他照X光，他不聽。到了冬天，每日拉稀。他夫人見有瓜籽拉出來，還是夏天吃的。

他也是沒有得到長壽。

蒲團子按　這個記述也是錯誤的，跟黃元秀先生無關。吃西瓜不吐籽之事，是胡海牙老師的一位太極拳老師韓來雨先生的事情。韓先生夏天吃西瓜多不吐籽，到了某年的冬天，韓先生生病，一直拉肚子，糞便中有西瓜籽那時候冬天沒有西瓜賣。當時他跟胡海牙老師說起此事，胡海牙老師認爲，這個可能跟他夏天吃西瓜不吐籽有關。具體罹病之原由，尚無法說清楚。

另，胡海牙老師跟黃元秀先生學習武當對劍，也知道黃先生的劍仙方法，相關事迹，劍仙揭秘中有說明。

原文　我的道家老師是陳攖寧，是當時道家的砥柱人物。一次我和陳師外出，馬路上人很雜，我問：「如這種情況下，有人偷襲，怎麽辦？」陳師回答：「打個寒顫，他就出去了。」意爲偷襲人的拳頭打在身上，皮膚驚得一顫，不用還手，打到哪裏哪一抵觸，就把偷襲者彈出去了。我很意外，原來陳師是通武術的。我的老師陳攖寧是位整日坐書房的學者，偶然談話中發現他是通拳學的，我便請他講武。陳師知我練太極拳，從太極拳古譜中揀出「萬法都在一激靈中」的話，評爲「强身之要道，防身之至寶」，精要之精要。

蒲團子按 陳攖寧先生知道太極拳好，但自己不打拳，更不是所謂的「武林高手」。這個事迹，也是韓來雨先生的事迹。此處所記錄的陳攖寧先生所說的話，都是韓來雨先生與胡海牙先生的話，跟陳攖寧先生無關。至於「整日坐書房」「通拳學」者，是另一位武術前輩。

原文 陳攖寧老師批示的「强身之要道，防身之至寶」，將養生與技擊合爲一體，這是拳學的大原則，可以用來檢驗自己的所學。

蒲團子按 「强身之要道，防身之至寶」，這是胡海牙先生對太極拳的心得，不是陳攖寧先生的「批示」。

習拳悟道一文的錯誤很多，無法一一改正。出現這些錯誤的原因，應該是由於胡海牙老師一口濃重的紹興口音，而記錄者又聽不懂所造成。根據記錄者發表的文章，可知其大多數時候是没有聽明白胡海牙老師所說的話，所以出現的誤記、誤述以及臆度，而且在未徵得胡海牙先生確認的情況下便輕率發表，以致文章錯誤很多，並很難改正。在此，我們不僅要對没及時修正這篇文章所帶來的錯誤與不良影響，向廣大關心胡海牙老師的朋友道歉，並誠懇地希望以後以胡海牙先生署名發表的文章，最基本的也得讓胡先生看一眼，不要未經允許，便私自發表，那是對胡海牙先生的不尊重，同時也對我們共同喜歡的這些學問的不尊重，更是對胡海牙先生提攜後學之善意的不尊重。另，胡海牙先生年近百歲，這些年來，一直有一些人給胡海牙先生製造不實的言論，並借胡海牙先生之名做一些不合適的事情，在此，我們希望這些朋友能尊重胡先生，並請停止這些不合適的行爲，不要爲了一點名利而繼續做那些有悖良知的事情。

這篇說明文章經胡海牙老師審閱並同意公開，以冀能達亡羊補牢之效於萬一。

二〇一〇年十一月八日蒲團子於存真書齋

蒲團子按　此文撰於二〇一〇年，完成後經海牙老師允可，投登某雜誌。後某雜誌來函謂：「因爲此文與胡海牙老先生有關，編輯部比較重視，爲慎重起見，特與此事的另一方當事人做了溝通，而其意見是，希望此事最好不要在雜誌上公開辯論。他認爲，如果公開刊登，雙方勢必全力辯誣，難免就要牽扯到此事雙方惟一的證人胡老先生，胡老先生因此就不免受到攪擾甚至有可能是傷害，這樣的結果對胡老就可能很不好或是很没有意思。編輯部認爲，此說法也不是没有道理。文章本意是澄清歷史事實，以免外人或後人對胡海牙先生產生誤解。因此，澄清事實是最重要的，至於對現在某些人的評價，倒不是特別必要。故此編輯部建議，雙方是否可以先私下接觸一下，統一了想法後再發表文章，文章只談對歷史事件誤記的修正，不要涉及對別人人品之類的評價。」愚對此種說法頗為失望，故文章一直擱置起來，未公開發表。胡海牙文集出版後，有朋友又提起此篇文章，愚以為學問者誠天下之公器，求真、求實乃治學之出發點與歸趣，故在重版之際，將當日所作略加增補，附於老師文集之末，以供參考。

仙道問答

仙學相關問題答某先生問

一

家庭拖累，懶惰之病，都不能免，這或許也是很多好道之人的通病。學習仙學，多讀書自然是好事。我跟胡海牙先生學習十餘年，聽得最多的，也是讓我們多讀書，用心讀書，不可走馬觀花。自覺受益菲淺。

至於工夫上，我還是比較贊成從靜功入手。即用「三不動」法或聽皮膚法。現在的生活節奏比較快，大家的生活、工作都比較繁忙，如果要從事真正意義上的修煉，恐怕時機不到。所以，現在大多數還談不上「煉」，只好在「養」上多下些工夫。靜功的的關鍵是一個「靜」字。平常的行、住、坐、臥都可以做。特別是在晚上睡覺的時候，躺在床上，既不影響家人休息，自己又可暗用工夫，一舉兩得。工夫是做出來的，每日不一定要做多長時間，也不一定要盤膝大坐，只要每天能真正靜五分鐘到十分鐘，就可以達到養生的目的了。

黃元吉的方法，現在談的人很多，但是否都得黃先生的精髓，我不以爲然。陳攖寧先生確也提倡陳、邵、黃一派，但主要是對其玄關一竅比較贊賞，並認爲此派工夫没有流弊而已。

二

書不怕多，但如果時間允可的情況下，還是要認真讀。我與老師曾寫撰有一篇讀書窮理的文章，有時間不妨看看，對讀書是有幫助的。

煉拳與修道，本來没有什麼衝突，但一定要掌握度。我對武術是個外行，這個還請問教您的老師。

西派的方法大有可觀者，特別是李涵虛本人的著作。汪東亭一派教外別傳，未免有些偏頗，雖偶有真義存乎其間，然詞句隱晦，閱之不易。我曾對西派方法做過一些研究，並編有西派丹經匯編後改爲李涵虛仙道集，並在稀見丹經初編中收錄若干文章一書，對西派算是稍有瞭解。

三不動法，就是陳攖寧先生靜功療養法中的「身體不動，念頭不動，忘記有我」。其中最主要的是身體不動。先找一個舒適的姿勢，或坐或臥，坐定臥定之後，身體便不要隨意而動。不用去管念頭、呼吸等。詳細請參看我與老師所撰入門靜功一文。

三

關於自己心得可不可以與他人討論，取決於個人。陳攖寧先生曾經講過：「理越辨越明。」從討論中有所心得，也是很普遍的事。此事先生自己考慮即可。

四

龍虎三家說經過學者的學術「化」以後，很是可怕。所以我拼着一定的時間，對此說要進行徹底的揭示。民間喜歡丹道的朋友對我的看法不會有什麼意見的，意見只會來自於某學者及他的學生。對這個我也有充分的心理準備。

承蒙先生的認同，我很感謝。有機會多交流。如果有什麼意見或建議，敬請直言。

談及陳攖寧先生時代，那是因爲揚善半月刊與後來的仙道月報是當時惟一的道學刊物，所以有些不同的意見，最後都會妥善解決。況且那時候中國的情勢，道學也需要有人振臂一呼。現在不同了，這門學問成了很多人的衣食之資或斂財之具，也有不少學者從此中想得到一些利益，故被弄得烏七八糟。

二〇〇七年

覆萬□□

萬□□君：

關於來函中對玄關、鼎器、藥物之說，頗爲中肯，也確非一般之見識。君之智慧上佳，只是跟大多數學道者一樣，福緣不足。中略有時間的話多寫寫文章，對自己也很有好處。

陰陽、清靜，現在很多人都夾雜不清，厚此薄彼，均非的論。現代之人，大多有社會事務，每天能靜坐些許時間就已經不錯了。現在社會幾家講陰陽的，大都是房中術，或者變異的房中術，屬房中術的下乘，不僅於人無益，而且有害。

丹道名詞紛雜，無非「陰」「陽」二字，故不必多費工夫。靜功入手，逐步做去，待機緣成熟，可試行仙學必成中方法。

清代薛雪曾講過：「不根於虛靜者，即是邪術；不歸於簡易者，即是旁門。」確有至理，當思之。其他方面，有機會當面再談。

此覆，順祝大安！

蒲團子於二〇〇九年二月六日

答某道友問

問　各種「解」仙與天仙有什麼根本區別？南宗的二祖、三祖、四祖可能是「解」仙，資料說四祖陳楠好像是水解。而我估計他們都是獨修。

答　記得胡海牙老師和我在文章中曾經提出過，天仙的成就應以陽神出殼爲證明，並且要大家都看得見。至於解化，很難證明其成仙。學仙者掉水裏淹死了，就叫做水解；無疾而終，叫做尸解；在戰亂中被刀兵殺死，叫做兵解。諸如此類，如何證明這個人成了仙？所以，惟一能證明成仙的，就是陽神出殼，或者更進一步，白日飛昇。至於解化一類的，不敢說都在作僞，但可信度還是有限的。

南宗二祖所修爲陰陽丹法之說，主要還是緣於三祖薛道光。當然，二祖石杏林的一句「往通都大邑依有力者圖之」也被後人所關注。所以，他們是否孤修，後人無法證明。單憑這幾句話來說他們在做什麼工夫，似乎有些武斷。四祖陳楠出身不高，但所得傳授却不一般，至於其最終什麼成就，也無法考證。書本上的東西，只能作爲參考。古人有云：「盡信書不如無書。」

問 我覺得悟真三註裏的薛註很可能是陳上陽將翁註的悟真篇略改節錄並冠名薛註，可能陳上陽認爲薛比翁影響力大。薛道光可能没有註過悟真篇。

答 這種說法有很多人支持。但没有十足的證據證明薛道光没有註過悟真篇。即如戴起宗，其所謂的考證，也只是從字面上而來。須知，字面上的東西是不能代替真相的。所以，對修煉者來說，薛是否有註並不重要，重要的是書裏面講的是什麽内容，是否對修煉有所幫助。

問 在清修丹經裏，黄元吉的書比伍柳的好吧？

答 黄元吉的理論比較好，也比較注重理論，但比較雜亂，没有系統。伍柳的書比較注意修煉，雖也重視理論，但他的理論是圍遶着方法論述的。所以，兩種著作孰優孰劣，只能看讀者自己的見解。

問 黄元吉的丹法好像没有丹家常稱的「六耳不傳」的口訣，感覺都公開了，莫非上品的丹法内容是可以公開的？我只是覺得現在讀和兩年前讀，感覺不一樣。

答　黃元吉的口訣究竟是什麽，很難說得清楚。現在社會上幾家傳授的所謂黃元吉丹法，未必就能代表黃元吉的思想。

問　我不想學伍柳方法，一是得有人教，二是我怕出偏。我想學黃元吉、李道純或汪東亭他們的清修法。

答　伍柳方法是以實修爲主，有明確的修養方法，雖也有理論，但實修内容佔大部分。黃元吉、李道純、汪東亭等的方法，以理論爲主，雖也可用於實修，但具體的方法不明顯。現在講黃元吉、李道純、汪東亭修煉内容的人，能否代表他們的本意，我是有懷疑的。

問　總體說來，清修方法裏誰的可學性大些？莫非只有伍柳？

答　清修是一種方式，不是方法。只要把清修的道理弄清楚了，方法是活的。所以，不要把心思放在具體方法上。

問　胡海牙先生說，要玩味「再入輪迴做眾生」最後這一首，這首和「神氣合一」有什麽深層關聯呢？——陳先生本意是什麽？

答 各人的理解不同，既然先生讓仔細玩味，仔細玩味可矣。——陳先生的本意，只有問——陳先生本人了。

二〇一一年二月五日

與某先生書

鍾呂傳道集、伍柳仙宗、樂育堂語錄三種，流傳日久，自然有其價值。各人的具體情況不同，對三書的理解也不同。

鍾呂傳道集，理論可觀，對仙學中很多問題都有涉及，這本書我早年讀過。

伍柳仙宗是伍沖虛先生與柳華陽先生的修煉經驗，雖然難免有一己之偏，但這本書需要仔細閱讀方可。特別是要將其理論弄透徹。方法雖然可以參考，但不是最重要的。這本書我也是十多年前讀過，當時曾做過詳細的讀書筆記。

樂育堂語錄是黃元吉先生在樂育堂講道時，由其門人所錄，其理論雖有可觀者，然前後反復，辭多繁冗。當日胡海牙先生曾與愚討論過此書。陳攖寧先生對此的評價是「穩妥」，並認爲黃先生的方法主要在「玄關一竅」。「中黃直透法」我不太熟悉，記得陳攖寧先生文章曾說，此爲金蓋山一派的工夫，昔揚善刊上曾有這種方法的介紹。

舊時丹派，分爲東、西、南、北四派。北派原屬教派，西派是刻意創派，南派、東派是因北派和西派所衍生。這四派均以地域而得名。李道純的「中派」則不然。李道純因在著述重視「中」，故近人稱其爲「中派」，這無可厚非，但這個「中派」却不宜與北、南、東、西四派並稱，因其成因絕不相同。陳攖寧先生確曾說過自己得過隱仙派之傳，但這個隱仙派是指張三丰先生的隱仙派，不是後來某君所謂的黃元吉隱仙派。陳攖寧先生在談自己師承的時候曾說，他有五位正式老師，其中北派二位，南派一位，隱仙派一位，儒家一位。而其最初稱黃元吉的學問爲「非南非北派」，並自稱爲「私淑」，也可知黃元吉之學並非正式導師所授。陳攖寧先生並未將自己歸於某一派內。大陸稱陳攖寧仙學爲「仙學派」者，是二十世紀九十年代以後的事，因爲大家都這麼稱，我認爲沒有什麼不可以的，所以就順其自然。胡海牙老師對此還是有不同看法的。後來爲了突出其學術性、科學性，我又在「派」前加了一個「學」字。這是跟胡海牙老師商討過的。

陳攖寧先生理論是廣泛的，不可拘執去看。而其公開的方法，主要是靜功的三不動法與莊子心齋法。非得要說歸於什麼派，三不動來源於廣成子告黃帝語之「四勿」，而心齋爲孔子告顏回語，這些如何分派？派只是後人爲了方便起見認定的一個稱謂，拘執則有失偏頗也。除此兩種方法外，陳攖寧先生的其他方法均未顯傳，雖有幾種書籍公佈，也只是重於理論而已。所以，批評陳先生方法者，未免隔靴搔癢。另，無論何種方法，總以刻期見效爲標準，這是陳攖寧先生所言。故不要管是什麼派，只要問他的方法管用不管用，適合不適你就行了。

陳攖寧先生的學術思想一直頗受關注，特別是對仙學與丹道有興趣的朋友。對其贊譽者有之，批評者有之，這都是正常現象。關於某些人對陳攖寧先生思想的解讀，無法評論。有的真是爲了學問而來，而有的則是爲了別的。我個人以爲，就陳攖寧仙學理論而言，可以説到現在爲止，恐怕還没有人能超越。至於理論中一些帶有時代特徵的論述，在其當時是先進的，如其論述太陽系行星與人的壽命關係的内容，今天或許需要再做研究。

陳攖寧先生對佛學的批判，主要是在其弘仙學的初期。陳先生也明確地説過，當時的目的就是爲振奮道教精神，獨弘仙學學術，對凡反對仙學者，均力闢之。仙學的目的在於長生、永生，佛學的目的在於無餘涅槃，兩家形式雖不同，但根本追求没有什麽區别。只是一些佛學人士對仙家學問常採用貶低的言語，故陳先生纔對佛學的不足進行批評。

學習陳攖寧先生的理論，應該多學習其精神。至於其所説的話語，不可拘執。因爲各人的理解不同，傳授各異。誠如攖寧先生所説，等到了融會貫通之時，則頭頭是道。後略。

二〇一二年四月二十一日蒲團子於存真書齋

答聽皮膚法的一些疑問

問 海牙先生的聽皮膚法中說要聽皮膚一開一合、一呼一吸，但是我覺得毛孔不管是呼還是吸，都應該是開着的不是合着的。

答 聽皮膚法的關鍵在於將自己的意識放在皮膚上，目的是爲了避免守在身中一處時出現的弊端。所謂的一呼一吸、一開一合，是常理。如果没有這種感覺，也無妨。只要將意識淡淡地放在全身皮膚即可，不必太勉强。

問 我有那種皮膚淡淡呼吸的感覺，但是我理智上覺得毛孔不管是呼氣還是吸氣都是開着的。但是先生的文章說一呼一吸對應一開一合，這點我就不理解了。

答 做工夫這件事情，有時候跟我們現實中的一些理解不太一致。您現在的感覺，如果没有什麽不適，就繼續做下去。不要太强求。每個人的感覺是不一樣的。所謂的一呼一吸對應一開一合，是指一般人的呼吸都有肺的開合，而中醫上肺主皮毛，所以人的呼吸又跟肺的開合相對應。而海牙老師創編的聽皮膚法，本來就是陳攖寧先生聽呼吸法的延伸，故而也說到了毛孔的開合。其實，我覺得，您現在感覺到皮膚淡淡呼吸的感覺，是很好的現象，不必去執著一些文字上的東西。如果沒有什麼不適就繼續做，如果有不適則考慮改用其他方法。

二〇一二年四月二十八日

關於太極真銓辨僞致某兄

前略某先生的文章太極真銓辨僞，我昨天下午已閱讀。本無意作解釋，承兄問及，故略述愚見一二。

我對太極拳，是一門外漢，所知甚淺，也不練習，原因是懶惰，也是沒有恒心。所以該文作者我並不認識。

最初看到這篇文章，不明所以然，後來仔細看了一下，大概的意思是說，作者通過一個晚上的研究，證明我的老師這本文集中的太極真銓一部分是「僞」。並承此先生厚愛，兩三度提及愚之道號。所以，有幾點問題似乎說一下也無不可。

太極真銓的來源大約有三個部分：一是海牙老師得自韓來雨先生的拳譜韓先生爲李瑞東門下劉炳茹先生的弟子，李瑞東太極拳爲王蘭亭先生代師授藝，王蘭亭先生太極拳得自楊露禪，這個應該沒有太大的問題。韓來雨先生的拳譜得自李家。其間枝節頗多，容以後面呈；二是內功四經得自吳式太極拳家劉晚蒼先生；三是老師自己的一些心得。這篇內容，除了部分發表於二十世紀八十年代末及九十年代初的武魂雜誌外，其他見於一九九七年出版的仙學指南一書。我們整理老師文集，主要採取了仙學指南中的內容，還有一部分是採用老師發表於武魂雜誌者。這些在書中都有說明。

此文作者對太極真銓的考據，我有些哭笑不得。其大致的手法是某篇文章與某篇同，則來源於某篇； 某篇文章與某篇文章相近，則是由某篇化來； 某篇文章與某篇文章不同，則爲訛傳。這是我對這位作者考證的印象。要一一解釋，我認爲很難做到。因爲有的內容已無據可查了。就其中幾個問題，稍做說明，供兄清覽。

其一，此文第一條稱某打油詩來自李瑞東一脈，某七言八句來自網絡，某四言歌訣來自李瑞東。

按 來自李瑞東先生一支的，沒有說明的必要。因爲海牙老師的老師韓來雨先生本來就是李瑞東先生太極拳一支的，而拳譜也得自李家，文字不同纔是怪事。

其二，此文稱「太極拳術中的三種道理、三步功夫與三種練法……」源於孫祿堂先生拳意述真之『郭雲深論形意拳』一節，被著名『仙俠槍手』徐某用白話翻譯成李仲軒解析象形拳法真詮一書中文字，此節文字又被移植至此。該槍手，也曾一度爲胡海牙演繹過某部小說。不知蒲團子與此槍手究竟有何淵源？否則會有侵權之嫌」。

按　首先感謝該文作者對愚之關心。我與徐某有數面之緣，一兩次見於海牙老師家中，其他幾次見於團結湖公園，僅此而已。至於太極真銓中的內容，在一九九七年出版的仙學指南已有，當時我纔初隨師學習，書稿是老師與其他學生所編。而徐某二〇〇〇年左右纔認識老師，其間應該沒有什麼必然聯繫。所以我也沒有什麼侵權之嫌。

在這次整理老師文稿之時，我對原仙學指南的錯字及文章的次序與標題都進行了調整。

另外，順便說一下某小說的事。這本書我沒有看過，但不少人問過我裏面的內容，也有人拿這本書找海牙老師求證過。很多東西本身就是作者虛構的。我很納悶，爲什麼有那麼多的人把小說的事當成真的呢？必須說明的是，胡海牙老師從未授權任何人用自己的經歷當作小說的材料。這件事的枝枝節節頗多，相關的文字資料大多保存在我處。所以，我對某小說能說的，就是「這是一本小說」。

其三，關於「『太極單練與雙練』源自李瑞東單練四要」。

按　太極真銓中的拳譜本來就是李瑞東一支的傳授，跟李瑞東的內容一樣沒有什麼奇怪的。

其四，關於「太極拳八字要義」見於吴公藻太極拳講義。

按　此篇我在其他拳譜上也見過。

其五，關於「太極拳五字要言」及「蒲團子『此地無銀』」。

按　太極真銓中的「太極拳五字要言」，胡海牙老師發表於武魂雜誌一九九〇年第六期我當年購買的這册武魂封面早已脱落，從相關文章看，應是此年，按語是海牙老師發表時的按語。比此文作者所提供的某先生公開散佈的時間要早幾年。海牙老師與我都沒有特異功能，海牙老師事先並不知道數年後還有人會在其他雜誌發表與此相同的內容。至於我「此地無銀」，我也實在没有那個特殊的本事，穿越時空到二十年前去做假了。

在整理這篇「五字要言」的時候，我確查過吴孟俠先生的書，記得吴先生書中的內容好像沒有這個全。具體的我忘了，有時間再查。

另外，在此問題之後，該文作者還提到有些拳譜中文字粗劣的問題。從該文作者的有關文章看，其師當爲一學者型的太極拳研究者，所以其說拳譜文字粗劣也不奇怪。其實，這個問題從古到今都是正常存在的。因爲學武的人，不必要求太高的文化，而事實中，很多學武的人本身文化就不高，所以文字粗陋、錯誤百出都是很正常的現象。

由於時間關係，還有一大部分就不一一向兄說明了。克實而論，我對任何人的質疑都很尊重。對此文的作者同樣尊重。但這位先生的考據、「辨僞」工夫，愚弟實在不敢恭維。所幸，這位先生尚手下留情，沒有對健身操兩種及內家八段錦進行「辨僞」，要不然，恐怕這三套從古代養生方法總結出來的運動方法也成了「僞」了。三套養生方法的相關話題較長，待有機會再整理出來供兄清覽。

兄問及的其他幾個話題，愚弟儘量在近期內向兄匯報，也希望兄能談談自己的看法。

後略。

二〇一二年八月二十九日

答諸友問

稀見丹經續編已在二〇一二年夏季正式出版發行，重訂女子丹法匯編是二〇一二年十月出版發行。這兩種書的樣書，我前幾天纔見到。印製較精美。至於内容，我們也是慎重選擇過的。

胡海牙文集——仙學·太極拳·武當劍一書，基本上囊括了胡海牙老師關於仙學中三元丹法與内家拳法兩項之精要。一些署名爲老師而未入選於文集的文章，除了老師認爲不合適的外，大約有以下幾種原因：㈠有幾種錯誤太多，未經過老師之審核即被發表。如徐某以老師口述名義所整理的習拳悟道兩篇一文，從人名到事迹，幾乎全是張冠李戴，故此次整理老師文集時，老師叮囑切不可收入，以免錯誤愈傳愈廣。㈡有些文章内容與其他文章重復之處太多，故老師讓我們將精要之處進行合併，冗餘之處删除。㈢部分文章與老師無關，是他人借老師之名所寫。所以，此次老師特别提出，不合適的文章不能收入。

老師還有一兩種關於仙學的論述，尚未整理出來。此外，醫學方面與養生方面的學說，也在整理之中。至於什麽時候能完成，現在尚不能確定，大致框架已完成。

存真書齋仙道經典文庫已出版了十餘册，大約有百種道書。原計劃出版而未出版的幾種，如參悟闡幽、上陽子仙道集兩種，至今版本不能確定，看二〇一三年年底能否進入實際整理中。而張三丰全集、吕祖文集兩種的版本也已確定，已列入計劃。方壺外史、性命圭旨等幾種，内容與版本也是最近纔確定下來的。至於稀見丹經三編、四編，則隨時整理，隨時出版。這些僅是計劃中事，因我的工作關係，能否全身心投入整理工作，還要根據具體情況而定。

關於三家龍虎邪說之批評事宜，計劃於二〇一三年四月以前完成。前期工作已經完成，決定犧牲兩個月的時間，專門疏理一下這種邪說的前因後果。這件事是諸道友多次催促而做的，所以希望儘快能有一個結果，也給對此事有期待之諸道友一個答付。如果此事能如期完成，此後關於三家龍虎邪說，我不願再投入精力。一些簡單的問題可能不能免，但大篇幅的文章不能再做，因爲太費精力。

以前提出要撰寫陳攖寧仙學概述、西派研究等，現在只是收集了一些資料。陳攖寧仙學概述部分章節已完成，但有幾個我認爲有必要認真撰寫的部分尚未動筆此書前後已過十年。由於各種需要，可能要先作一本關於仙學的小册了，介紹一些基本的内容。

某君以前跟我有過聯繫，後來因爲各種原因，再無來往。後來聽他人說，某君曾言，我是因爲他歸入某人門下後，不與其來往。這種說法莫名其妙。此君經常將自己的不當之處推給他人，實在令人失望。

某叢書之出版，確實有其必然之價值。因爲都是做書的，故而對質量一層，不便多說，聽讀者自行選擇即可。至於說到繁體字與簡體字一層，事實上有區別的字只有百餘個，其他的字一看便知。關於繁體、簡體的認知，我曾找一些從未接觸過繁體字的人試過，基本上能順暢讀下去。即使讀不出音，意思也能知其大概。所以，繁體字、簡體字不是問題。

二〇一三年二月三日

答諸友問續一

仙道類

「性須自悟，命假師傳」，這是向例。記得陳攖寧先生曾說過，那些稱丹訣應公開的人，不是門外漢，就是別有用心。雖然，現在一些初步功夫的修煉方法已爲很多人所熟知，然其細微之處，亦須與真師仔細辯論方可。而一些專門的功夫，若無師指授，則無從入手。這是對實修仙學而言，初步養生、健身不在此例。

玄關一竅，是仙家正式修煉的四大緊要之一。「此竅非凡竅」，故不可以常情測之。現在常見有奢談玄關者，大多似是而非。記得某君靜坐中偶一恍惚，詢之某道長，道長以「玄關」搪塞，某君竟自得不已，並以之攻訐他人，實屬可笑。

明師難求，古今皆然。此因仙家學術非普渡性質，且一些有真知真見者，還要提防他人得知，故常隱藏形迹。即使遇到載道之器，亦復多方考驗，以防傳道於匪人。須知，修仙學道，品德優秀爲最要。記得當年老師約我與某兄共撰道竅談真一書時，把「未學仙道先做人」列爲首篇。今日求道者，每歎遇師難，然很少省察自己的行爲、品德是否符合要求。而一些求道者，爲得口訣，不惜手段用盡，以爲口訣一得便可一步登天。記得有一次在老師家中，一位我的同齡人向老師叩問丹訣，老師因爲其人性格浮躁，告其待機緣成熟方可。某君言此時即機緣成熟，並强行要老師告知其口訣，否則不讓老師行動。後來在愚多方勸慰下，此君方纔罷手。另一學者，因欲將某老先生的口訣席捲而去，先恭後倨，更做出種種不德之舉，企圖逼迫老先生拿出全部丹訣給自己，而老先生寧可受辱，亦不與其談丹訣。要知，師徒授受之事，是因緣際會，非强求可得。古人常言，時至師自來。如果真是載道之器，緣份到時，自會有師指授。

道書不可不讀，但不可盡信。胡海牙老師常告訴我們：「讀書要窮研其理，功夫要真修實證。」並告誡我們，書要多讀，且不能僅限於丹經道書。我讀書很雜，文史資料、文學作品等，均經常翻閱。相對而言，考據類的文章我不太喜歡。因爲現在搞考據的人，大多把簡單的事情複雜化，把明白的事情胡涂化。雖然用了不少心力，得到的結果却是讓人不敢恭維。故而對考據類著述，往往是一掃而過，除非有特别的需要，一般不做深讀。文學類作品，往往有直指人心的東西，但很多人經常忽略過去。我不喜歡滿口丹經的朋友，如果一個人除了經典，没有其他的東西，那他的學問肯定是有缺失的。所以，讀書應廣泛，不應局限於丹經道書。只有閱讀寬泛，纔能有機會觸類旁通。這是我的看法。

參同契與悟真篇有聯屬關係，但也有區别。故陳攖寧先生當年建議以參同契爲準繩。然參同契辭旨深奥，讀者每每望而却步，遂轉而讀悟真篇。至若將金丹真傳之類奉爲聖典，則是「盲人騎瞎馬」。

陳攖寧先生關於真實用功的著作，公開的只有一部，即仙學必成。其他如黄庭經講義、孫不二女丹詩註、靈源大道歌白話註解等，雖都是講仙學修煉的，但是以理論爲主。（孟懷山師伯所學爲靈源大道歌白話註解與仙學必成中的功夫，享年九十多歲，無疾而終。）參同契講義一書，雖爲仙學修煉之緊要讀物，然一般人看不懂，程度高者又嫌透露太過。記得某兄曾與我談及此書，説此書講得太明白，宛如白話直解，爲何要公開出版。此事愚當年與老師亦談及之。老師的意思，這本書很多人看不懂，公開後不會有什麽不好的作用，反而能更好地保護陳攖寧先生的資料以免流失。所以，同樣一本書，在不同人的眼中，有不同的看法。

二〇一三年二月六日

答諸友問續二——醫學類

無論中醫、西醫，其治病救人的終極目標是一致的。現在存在一種現象，是中醫看不起西醫，說西醫治標不治本，副作用多，後患無窮；西醫看不起中醫，認爲其不科學，無論是診是療，均無科學依據，其療效也有偶然性等。也有調和其間者，說用西醫的儀器檢查，中醫的手段治療。這些說法都有一定的道理。記得我跟老師學醫的時候，老師曾多次提到中西醫結合的概念。中西醫結合，這個從晚清就已經開始了，民國期間曾一度在醫學名家中受到重視，新中國成立後國家也提倡這種方式。中西醫結合，最受益的應該是患者。而真正的做得好的時期，應該是新中國成立之初。那個時候確實有一批人將中醫的方法與西醫的結合起來，應用於臨床，而且很多人是沒有成見的，所以在那個時期出版的醫書中，還能看到相關的記載。這種痕迹，二十年前在農村地區還很常見，現在則不多見了。

一直有人說，國家不重視中醫，重視西醫。其實這種說法是不準確的。從國家的政策條文，到對中醫師資格的認定上，國家對中醫都是很重視的。具體的說起來很麻煩，待以後有機會再談。

現在很多中醫書或養生書中，動輒提及抗生素、激素之類的濫用問題。其實，不論抗生素還是激素，其最初的目的，還是爲了治病。濫用跟藥品的本身沒有關係，是人爲的因素。這裏面牽扯診療手段、醫生道德、職業水平等多方面。所以，「濫用」是禍首，不能責之於藥物的本身。

中醫流派很多，温陽派、滋陰派、脾胃派等等，各有所長。歷代以來，諸派之間也互有指責。克實而論，既然能成爲一派，自然有其特點，只是各自在診療時的角度不同而已。中醫是一種靈活的學問，同樣一個患者，不同的中醫師眼中有不同的看法，只要能治好病，用什麼方法似乎不必太計較。如拘執於一家之言，未必是好事。

現在的中醫，很難談及廉、便、驗。特別是大都市，「廉」之一字就很難做到。所以，刻意的批評西醫貴，是不是客觀的。因爲現在的中醫也便宜不到什麼地方。而很多時候，西醫恰恰有「廉」、「便」、「驗」優勢。

醫書方面，當然是看得越多越好，但最好是不要拘泥。老師曾經跟我說，把人家好的東西吸收過來，慢慢就會成爲自己的東西。由於工作方面的原因，我建議，看中醫書，最好看二十世紀八十年代以前的醫書。近些年的醫書要辯證地去看，不可盲目地相信。特別一些醫案類著作，由於中國專業技術職稱評定存在一些漏洞，假的醫案很多。所以，對二十世紀八十年代以後的著述，要慎重對待。我近年來讀過的醫書不少，但能稱得上乘之作者，幾乎没有。

以上是我的一些看法，還有一些問題暫時没有時間整理出來，等以後有機會再談。

癸巳年清明節蒲團子於存真書齋

答某先生二問

問 胡海牙文集所述武當對劍是否和外面所流傳的黃元秀先生的武當劍法大要一致？另，我記得黃元秀先生武當劍法師承李景林，李景林又師承宋惟一。宋惟一目前惟一的著述所流傳下來的也只有武當劍譜，刊登在由二十世紀武術名家李天驥所編的武當絕技珍本匯編中。此書中也收入了道家龍門的一些修習方法，本人也没有深究。至此想問一下，是否對武當劍法熟悉？如果可以的話，希望能够註釋一下武當劍譜或者驗證一下武當劍譜的真僞。畢竟現在好東西不多了。如果有這些好東西想來大家也是不吝收入囊中的。另，十分感謝出版真本道書，也希望能够推薦一些實修的書籍以饗讀者之眷眷。

答 胡海牙老師的武當對劍，學自黃元秀文叔先生，黃元秀先生學自李景林先生。李景林先生的武當劍法是改造過的，既有武當一派陳世鈞的傳授，又結合了日本的劍道及西洋的擊劍。所以，李景林先生的武當劍法實戰性較强。聽老師講，李先生與其子女演習劍術之時，曾用一竹劍將鋼劍擊斷。宋惟一與陳世鈞是否有關，未暇考證。胡海牙文集一書中所錄武當對劍與黃元秀先生的武當劍法大要有詳略之不同，根本上是一樣的。李天驥先生所收錄之武當劍譜我早年看過，現在已經沒有印象了。記得老師曾經跟我說過，以前有一位先生姓名我忘了欲向老師及蔣玉堃先生索武當對劍劍譜，老師與蔣先生因某種原因未予之。故後來某先生出版的武當對劍，與老師他們的武當對劍不同。

我喜歡武術的時候没有人教，當遇到胡海牙老師的時候，已經懶惰，不願意學武，故對武當劍法只是聞其大概，詳細的只見過老師示範過幾個招式。當時跟老師學過武當劍之七星劍煉法不是套路，是具體的内煉、五行劍煉法比七星劍煉法少幾個驟及撥草尋蛇煉法。只是學了幾天，就放棄了。因爲煉功很枯燥。所以，我没有能力驗證劍譜的真僞，更談不到註釋了。

整理道書，只是愛好。記得某先生曾經說過，整理道書是爲了自己方便，順便讓同道分享。我很認同這句話。我們整理道書，也是由於我們見到一些自己覺得不錯的書籍，爲了方便自己閱讀，把他整理出來。一些覺得值得與他人分享的，則交由出版社出版發行。存真書齋的宗旨在於保留資料，實在没有能力做所謂的弘道事業。如果這些書能給大家帶來一些方便，我們的目的就達到了。

至於推薦道書，是我很不願意做的幾件事之一我不願意爲人推薦圖書、推薦老師、推薦醫生，因爲這幾件事可能影響他人的一生，甚至生命。現在道書出版貌似興旺，各種道書也紛紛面世，究竟該如何選擇，取決於讀者的意願。當然，讀者的經歷、識見、學問等內在條件很重要。我把這種東西歸納到一個「緣」字。前輩們曾講：「得訣歸來不看書，得訣歸來好看書。」可知，讀書只是增廣見聞，最主要的還是得訣。如果從實修角度來看，蔣維喬先生的因是子靜坐法共四種，最好全部看完、陳攖寧先生的靜功療養法是必需讀的。因爲，這兩種書是最基本的東西，也是最簡單的。如果有好的老師指導，則更善。

問 可否公佈一下目前當代可讀的丹道真論？我看過某學者的□□□□十二講，也看過□□薪傳。只能說看着糊涂。理論很多，許多地方也與我看過的其他丹書相悖。當然也和自己水平有限有關，所以不敢妄加猜論。就目前我看到最有意思的書，是因是子先生的靜坐法以及南懷瑾先生的靜坐修道與長生不老，另外還有一本是李瑾伯先生的呼吸之間對與此書也是一知半解，李先生重要的地方還是沒有透露。另外，就是王沐先生的内丹養生功法指要。這本書也是不錯，但是對於我來說，看的也只是知道個表面。畢竟也是自己摸索着。另外，有仙學精要案頭必備。還有蕭天石先生的道海玄微，也是列舉了多個修煉方法。主要是以上這些書籍。綜合上述，對我目前而言實修作用最大的還是因是子靜坐法。仙學必成更是讓我視爲經典，却是缺少相關的條件，無法割捨世俗感情，等到老去再做打算。以上拙見，望能夠推薦一二，不勝感激。

答 某學者的□□□□十二講，談丹道内容的方面，基本上是臆測的，來源既不正，方法也有問題。某先生的□□薪傳，很多東西是自己根據典籍推理出來的。這兩本書越看越糊涂是很正常的。

因是子靜坐法確實不錯，因爲蔣維喬先生拋去了一些不合理的東西，主要用科學的方法來闡述靜坐功夫。但是，需要注意的是，蔣維喬先生當日學靜坐，是因爲身體原因。當時其病情很嚴重，所以纔開始做工夫。蔣維喬先生專門的靜坐法著作有四種，一定要全部認真讀完。這樣不僅能瞭解其學靜坐的原因與過程，同時，也可以看到其對靜坐法觀念的轉變。只有這樣，纔能真正地瞭解其所闡述靜坐法的實質，從而在自己的修學過程中，增加參考内容。我比較看重這本書及陳攖寧先生的神經衰弱靜功療養法。

陳攖寧先生的神經衰弱靜功療養法也要仔細看，主要是其二十七則問答。神經衰弱靜功療養法中，我最提倡的是「三不動」法，至於後面所附的三種方法，要根據不同情況來選擇。

說到缺少相關條件、無法割捨世俗情感、等老了再去打算等，大多數人都是這樣。現在能做的，就是做好本職工作，照顧好家人，在閒暇之時，多讀一些書，最好能尋訪一位好的老師，並做一些基礎的工夫，等機緣成熟，正式下手用功，方不至光陰虛度。

另，胡海牙文集這本書，是我們師徒三人用心編輯的，我覺得內容不錯，自己也常常翻閱，如果先生已經購買，可以多看看。

以上僅是一己之見，供參考。

二〇一三年六月四日蒲團子於存真書齋

覆某先生

某先生大鑒：

先生以前的很多言論，我認真地看過，對我的警示意義很大，非常感謝。對於丹道的純潔，或者說是乾淨，我想很多真正愛這種學問的人，都是一樣的期盼。只是，這種文化缺乏真正地維護者，以致什麼人都能對此種文化肆意凌辱，這不能不說是一種悲哀。

先生所言，今敬覆如下。

一者，張某對於陰陽丹法是一門外漢，已毋庸置疑。其於清靜一途，恐怕也只是觸及皮毛。其將鼻外虛空一着許爲「超等天元丹法」，已可看到其對清靜方法見識之一斑。故爾，張某對於丹道，實無正見。以愚一己之見，張某跟銀某確實學了一些伍柳派的工夫，但應該不會太深。至於三家龍虎，恐怕是被人家做局騙了罷。三家龍虎一說的提出，張某真是罪莫大焉。說到遺害無窮，大約只遺害於那些門外漢們。自稱爲張某弟子的那位學者，其目的很明確，他們的傳人，不論神秘與不神秘，必然會貽笑大方，甚則難免於人間律法。所以，不管他們怎麼樣折騰，邪術畢竟是邪術，這是改變不了的事實。現在這種邪術尚未成氣候，大約他們折騰到一定程度，就會有人過問了。這種東西，不論是古今，還是中外，概莫能例外。他們的僥倖心理，只是騙騙自己而已。

二者，道鄉集一書，我早些年翻閱過，但未細看。原因是這本書好像來自乩壇。我對乩壇的東西雖不反對，但總是覺得不嚴肅，故匆匆翻幾頁了事。先生所問佛前燈我並不瞭解。大成捷要一書我是二十年前看的，當時還做過筆記，但已多年不翻閱了。大約大成捷要一書的內容，與伍柳仙宗關係比較密切，不同者，伍柳仙宗詳細，大成捷要簡捷。

此覆，順候道安！

蒲團子

二〇一三年七月二十八日

致某先生

原文　個人愚見，龍虎三家法被發掘出來，其中一大原因，實在是悟真、參同之法没人懂，也無法公開。這也是明代各種雙修法大流行的原因之一。

蒲團子按　明代各種「雙修」法門的流行，不僅僅是丹經難讀的問題，跟當時的社會情狀也有很大關係。宋代以來的理學思潮，影響了人們思想觀念。其中被稱之爲人類之大慾的「性慾」，在這種思潮的影響下，也出現了兩種極端。一是禁慾，一是縱慾。在中國的傳統醫學中，縱慾肯定是戕害自己身體的，所以，既不傷身體，又能解決人之大欲的方法，自然會受到人們的關注。

在宋代以前，道教尚無類似佛家的出家制度。道士們有家室者，屬平常事。道教的目標之一，就是成就神仙。故而，道士們如何處理夫妻生活，就是一件很神秘的事情。很多人把房中術稱之爲道教的方術，大約跟這個有關。事實上，陳攖寧先生在黃庭經講義中曾經說過，真正的仙家修煉，是「不廢夫妻，偏少兒孫之累」，這跟房中術不是一回事。但這種見識只是真正得道之士的見識，未聞真道者不知其底細，普通人更不用說了。

到了明代，在社會情狀的影響下，一些人既想滿足自己的大欲，又不想身體受到傷損，自然把目光投向了跟解決夫妻生活有關的方法。道教的神仙方法，向不輕傳，普通人莫名其妙。而醫家、房中家的著述比較明顯，而且操作方法比較詳細，故而使得更多的人去瞭解。也有些人開始將醫家、房中家關於解決夫妻生活問題的學問，跟道教神仙法門聯繫起來。而明代又是一個文化變革的時代，當時的印刷業也趨於發達，相關的書籍能很快流通，這就加速了這種思想的傳播。文化的興旺，也產生了很多奇技淫巧的東西。

明代的房中術，形式多樣，內容豐富，已遠遠背離了漢代以前的房中術理論，更趨於一種渣滓的東西。所以，如果按房中術內容區分的話，漢代以前的房中術爲上乘，明代房中術更多的是下乘，甚至更爲污穢。現代人談「雙修」，大多是指明代以後的房中術。

事實上，從典籍中來看，明代尚無所謂的「龍虎三家術」。真正談到「三家術」的，是清初。並且，這些所謂的「三家術」，均出自醫書。

原文　如果是僅僅批判龍虎三家法，有些太過局限了。如果定位在批判廣泛流傳的陰陽旁門，更有益於丹道這門學問，有益於社會風氣。

蒲團子按　龍虎三家「丹法」析判一書，主要在於分析當前龍虎三家說及其主張者難以自圓其說的論述，「批判」的方面較少。撰寫這本書的目的，只是提醒大家，外界宣傳的東西，有很多問題存在。那些問題，不僅不能讓人身體得益，而且必定會產生禍患。

另外，龍虎三家法不是丹道，所以，我在撰文時沒有用跟丹道有關的理論。原因很簡單，不想讓這種污穢的東西玷污了丹道的清譽。

至於社會風氣，其實先生可以看看，都是什麽人在附庸於龍虎三家法就行了。這個也不是一兩篇文章、一兩本書能解決的問題。

原文　比如，最明顯的就是這五千四八採大藥，當年攖寧先生就批判過，但是我覺得他老人家話不說透，只說是方法不善，不深刻說明爲什麽此法總歸失敗。再比如以玄微心印爲代表的雙修派，與悟真、參同之法如何不同，這些都是我們這些丹道愛好者看書看不出來的要害之處。如果能在著作中指明，那就太好了，比僅僅批判龍虎三家法益處大很多。

蒲團子按 丹道一途，重在師傳口訣，文字說不透是很正常的。不是故意保留，是確有不能說破的道理。至於「明師」一層，陳攖寧先生曾經說，明師不做廣告，靠的是機緣。

玄微心印我早年間看過，應該是房中採補的內容。不論是陰陽丹法，還是清靜丹法，有一條辨別的標準，就是「不要妄想從他人身上討得便宜」。只要明白這一點，大體不會錯。

參同與悟真，有同，有不同。今人讀不懂參同，求之於悟真；讀不懂悟真，又轉入金丹真傳、玄微心印之類。總之，越來越差，誠可謂一代不如一代。

昔日跟海牙老師學習時，老師跟我們說得最多的，就是多讀書。因爲書讀多了，見識就會增加，等遇到真師，一經指點，就會明瞭。所以，不管是什麼書，要多讀、多想、多記。這樣纔不會被一些假相所迷惑。

原文 一個相關的提議，就是能否在書中列一個攖寧先生認可的雙修派丹經的目錄，使後學讀書至少有個方向。雙修派的最大問題就是家家都宣稱是參同、悟真一派，但是沒人能確定究竟啥是參同、悟真之法，所以人人都說得堅定無比，別人也無法一定說他不是。

蒲團子按　現在所謂的陰陽派丹經很多，如何分別，得看讀者自己的智慧。我在以前的文章中也說過，我最怕給人家推薦書，因爲書是文化產品，跟其他產品的性質還不同。如喫了不乾淨的食物，可能對身體有損，但可以治療使之康復。但文化這種東西一入大腦，就很難去除的。所以，推薦書的這種方法，不是解決問題的根本。

二〇一三年十二月二十七日

答諸友問

關於胡海牙先生

胡海牙老師的事迹，不少朋友比較關心，故而凡是有關於老師的文章，總有朋友發過來向我求證。我先謝謝這些朋友對我的信任。

老師的學生很多，寫跟老師相關的文章也不少。說真的，有些文章我無法評價。如果說他們不對，也不盡然。如何判別，我的意思是：信就信了，不信就不信。以後這類的文章還會有，而且說法也可能越來越豐富。我不可能一一去解釋，没有那麼多的時間，也没有那些精力。

我在整理古籍時，對作者的生平疏於考證，原因之一就是我們看到的文字未必能準確表述作者的真實情況。我自己也寫過一些關於人物生平的文章，如陳攖寧先生的生平，如李涵虛和他的著作等。關於胡海牙老師的文章，我也寫過一些。但每次都慎之又慎，因爲稍有不注意，就可能會誤導閱讀者。

我也曾答應過一些朋友，寫一篇關於老師事迹的文章，但一直没有時間動筆。後來看到不少關於老師的文章，更猶豫了。因爲我看到的跟他們看到的不太一樣，我瞭解的也跟他們不太一樣。今天上午還有一位老兄跟我談及此事，希望我能對相關問題作以說明。難！所以，大家看到的，就憑自己的智慧吧。至於我什麼時候能寫一篇關於老師的文章，我確實不敢保證，也不敢保證我寫的東西就能得到大家認可。這些都留給以後吧。

蒲團子

二〇一四年三月二十日

答某先生問外丹書等

問　有無金火大成或金火集要的消息或線索？

答　金火大成與金火集要是同一本書，我曾經搜尋過其下落，但得到的答案不一。陳攖寧先生當年與道友一道鈔錄過其中的相關內容，比如金火大成中有而其他書中所無者。

陳攖寧先生的外丹鈔本，據說有二十多本成冊者，我知道其中的十本左右。另，陳攖寧先生有一本外丹書目，詳細記錄了十三種鈔本的名目。這也是我曾經想依之爲據，而進行外丹經整理的一個參考。

根據陳攖寧先生所列的金火大成目錄，與陳國符、孟乃昌二先生所述略有區別。比如，陳先生所列的目錄中，沒有了易先資之名目。具體情況，因爲沒有見過金火大成之刻本，難以求證。

問　存真書齋仙道經典文庫系列有否出外丹集合的計劃？

答　今年就有一本外丹集準備出版，作外丹經匯編的第一種。内容包括李保乾的了易先資及金火燈等，大約十種。基本的文字工作已過大半，應該下半年能見到書。

外丹術是仙學中很重要的一個組成部分，匯集外丹經典也是存真書齋一直想完成的一個目標。但這項工作，沒有相當的精力與時間，是很難完成的。如果條件允許，我們將努力整理出内容相對完整的外丹經匯編。這是理想中事，實行起來，還是不容易的。

問　現在有無類似揚善半月刊的刊物？

答　大陸地區尚未發現。臺灣地區的一些雜誌似乎與之類似，但不知道内容如何。

問　蕭天石先生的道藏精華千古秘典外金丹大成集可靠否？

答　蕭先生外金丹大成集中所收錄的，基本上是傅金銓道書十七種外金丹的内容，只是多出了陳攖寧先生點校的琴火重光及一些傅金銓其他文章。外丹這種東西，談不上可靠與否。因爲這些是需要實地驗證的。何況這些都是古書，多看一些總是有益的。傅金銓收集的這些外丹經中，洞天秘典內容太簡單，經與陳攖寧先生鈔本洞天秘典對勘，內容差出不少。其他的尚未仔細校對。

問　蕭天石先生的道藏精華第五集歷代真仙史傳附輯：承志錄、漁莊錄，這裏的承志錄、漁莊錄，是真本否？

答　此集中的承志錄，是收錄當年翼化堂版陶素耜道言五種的內容。承志錄的版本很少，我只見過道言五種有此，其他版本尚未見過，談不上真本與否。漁莊錄好像是古今圖書集成中版本。陳攖寧先生等曾抄有漁莊錄，與此有詳略之不同。具體的情況，等以後有機會仔細研究方知。

問　先生有無收藏易筋經好版本，如來章本衙藏版等古本？

答　我以前購買過一本公開影印出版的六册綫裝本易筋洗髓經，應該是比較通行的那種吧。其他的版本並未留意。因爲我之購書，基本上要自己有用。

問　對於外丹的學習，先生有什麼建議？

答　我對外丹之瞭解，僅限於書本。外丹書譬喻較多，讀起來也頗費力，故我對外丹只有羡歎，實無什麼好的建議。

甲午年三月十八日蒲團子於存真書齋

關於呂甘澤先生事答友人問

對於呂甘澤先生，愚本無瞭解，後來知道其爲金剛經金丹直解的作者呂純一，算是有些印象了。真正聽到關於呂純一先生的事迹，大都是說其在某個特定時期觸犯刑律的事。也有人曾以此跟我來討論所謂的陰陽丹法。

陰陽丹法是丹家秘傳，雖然一些文字中隱約逗露些許端倪，然其實際，即使真師當面指授，尚有不能得其要領者，文字更莫能究其竟。呂純一金剛經金丹直解，用丹道理論註釋佛經，雖被人詬病，然大多認爲其乃丹家陰陽派之著述，也是不可否認的。至於呂純一先生究竟做什麼功夫，只有其本人知道，其他人是無法得知的。呂純一的最後結果，給後人的教訓是，不論以什麼爲目的，不論用什麼方法，都不可亂來。否則，性命堪憂。現在人其實没有必要譏笑呂先生，能從中汲取教訓即可。至於呂的金剛經金丹直解，如果能給自己帶來一些啟示，則讀之。否則，棄之可也。記得張某在某處好像說過，呂氏曾與多名女子相處，諸女均未失身。又相傳金剛經金丹直解一書爲鈔襲作品，愚曾覓得其所抄者之原本，但尚未仔細核對。又，因未見金剛經金丹直解原刻本，對這本書的詳情也難完整瞭解。姑存其說，以待求證。

就在與某兄談呂先生事迹的時候，某兄跟我說起了一件事。某兄聽他人說，我認識的一位先生，經常與多名女性往來頻繁，並懷疑這位先生是在做陰陽功夫。某兄的所說這位先生，是單身，確實跟我認識。但其私生活，我並不太瞭解。客觀地說，對一個單身男士來說，只要不違犯律法，其與女士之交往，他人是無權干涉的。故而，我對某兄說了我對此先生的基本瞭解，並說，這位先生究竟跟這些女性是正常往來，是工作來往，還是談情說愛，或者像某君所認爲的做什麼功夫，這個只有他本人知道，其他人看到的只是個表象，所有的懷疑，只是無端猜測而已。某兄聽我這樣說，稱是。

二〇一四年四月一日蒲團子於存真書齋

關於「正人行邪法」答某君問

法無正邪，正邪在人。陳攖寧先生曾經用刀作比喻，頗爲精彩。將士用刀可以殺敵禦侮，厨師用刀可以切菜做飯，小兒用刀或可誤傷自身，匪人用刀則傷天害命。刀無過，過之在人。

龍虎三家之法，本來是醫學急救法演化而來，其最初是用作急救的。關於詳細的說明，見龍虎三家『丹法』析判一書。即如上關進氣，針對的是自縊死、卒死等。這就像在大街上，有人突然昏倒在地，這時有一人來做人工呼吸。施法得當，昏倒之人則能及時蘇醒。若時間遲延，昏倒之人則有可能永遠不能蘇醒。人工呼吸的目的是救急。當被救之人得到救助後，人工呼吸就沒有用了。現在的醫學，雖然已經有了呼吸機等幫助衰微病人呼吸的機器，但遇到類似街頭卒死之類的情形，施行人工呼吸還是最先的選擇。人工呼吸在一些發達國家，是一項基本技能，而中國這種技術却用得相對較少。待病人進入醫院後，纔實施現代先進的醫療救助。在古代，由於醫學科學思維不發達，對這種急救之術的底細不能科學地認識，所以纔有人將其改造爲所謂「龍虎三家丹法」。一個本來用作急救的技術，現在被一羣意欲長生不死的人，拿來作爲延生手段，購買一批未成年兒童，讓其按時按點不停地爲自己吹氣，以爲這樣就能長生，這不是癡心妄想又是什麼？所以說，這種急救之術，用在「正人」的手裏，當然是正法了，當然能救人於危急了。而如果用在「邪人」手裏，自然是傷天害理之舉。不僅傷天害理，對自己的身體也是一種戕害。只不過這些人對醫學知識、科學知識瞭解的太少，或者他們根本就是一種變態的性心理在作祟。所以說，「邪人行正法，正法悉歸邪。正人行邪法，邪法亦歸正」。

還有，就是關於房中術的問題。房中術本來是夫妻房中衞生術，是調劑夫妻生活的一種方法。其最初的原則是節宣之和。也就是說，宣洩與節制要調和適宜。故孫思邈曾有「欲不可縱，亦不可絕」之說。後來慢慢演變成吸提攝閉、三峯採戰，甚至吞紅鉛、服蟠桃酒之類的邪淫之術。一門健康的學問，被一幫邪僞之徒搞得烏烟瘴氣。而一些心術不正之徒，不思勤學好問，一看到這些方法，自然和身而上，以爲仙家正傳。孰料背道而馳，愈見乖張。

所以說，法之正邪，看用在什麼地方，什麼人用。

二〇一四年四月十五日

關於最上乘天仙修煉法答二一先生問

「最上乘」三個字是否合理，確如先生所說，没有具體、客觀的驗證。只是前人既然如此命名，故後人在整理時，還是尊重其命名爲妥。這也是整理前人文字的一個基本要求。當然，可以懷疑其合理性。

根據我所知，此最上乘天仙修煉法確係一套完整的、正式入室修煉的方法，同時也是我所見到的最完整的方法。至於説到實效，則無法一概而論。

先師海牙先生當日跟我所談，確實是師生之間的交流。其實對我來説，無所謂保密。記得當日與老師協商將此篇公開，也是因爲我昔日訪道時，得到的東西很雜亂，見到這篇文字，認爲理法皆大有可觀者，故希望跟我一樣的求道者，能少費些周折。結果事與願違，此篇公開後，遭到更多的非議。至於老師與我所談不公開者，或許有人認爲我保守、保密，對我來説，其實只是藏拙而已。再者，方法的事，各人具體景況不同，還是各自隨緣爲妥。

我見如是，僅供參考。

二〇一四年六月六日蒲團子於存真書齋

答某先生

「修道能否避免生老病死」這個話題，我當年曾跟海牙老師討論過多次。至少我們所知道的修道工夫，對延緩衰老、改善疾病症狀是有作用的。至於生死問題，我認爲這很可能是人們的一種追求、一種期盼。說到效果上，雖然前人留下了很多典籍，但真正依之能修成且有確鑿證據者，我沒有見過。我們今日依然做這種工夫，當然最主要的是怕死，而另一種目的，也是在試圖驗證前人典籍所載是否可靠，是否有徹底解脱人類生死問題的辦法。而目前情況來說，很多人很難真正地實地做工夫。前人雖有「大隱於市」之說，然今日的都市確實不適合做工夫。我認爲，今日能做到「小隱於林」，就很不錯了。

說到修煉的意義，我認爲，是我們對生命現象的一種探索。這種探索雖不同於現代科學，但其實與現代科學並不相違。只是兩者尚未能有機地給合起來。以前氣功熱潮的時候，一些科學家曾經用儀器檢測過做工夫者的身體内部反應，一些研究心理學及腦神經學的科學報告中也有關於人在一定狀態下的生理反應信息。但後來這種研究比較少。

我對佛學素無研究，佛家的見性之說，是否有驗證的標準，也不得而知。成仙的希望渺茫，成佛的希望又何嘗不是渺茫呢？只是各自的方法與目的不同而已。其終極目標，同樣是爲了解脱生死。至於操作方法上，人的先天、後天素質各有不同，故不可一概而論。適用此法者未必適用彼法，適用彼法者亦未必適用此法。於是乎，各行其道、互不干涉者有之，相互參研者有之，相互攻訐者亦不乏其人。故先生所提及之「反倒不如佛家見性更有可操作性」，我不敢苟同。

先生是西醫，關注這些傳統文化，應該會更理性一些。我往日跟海牙老師學習之時，老師一直强調科學的重要性。而老師針道之高妙，也同樣離不開他當年在解剖室中的研究。我一直認爲，在醫學方面，或者更進一步的人的生命方面，中醫、西醫的目標是一樣的，所不同的是思路與方法。我見到的中西醫結合，最早出現在清代，清末民初已頗具風氣。這些其實也是一些中醫界老前輩們積極地完善中醫的一種舉措。二十世紀五十年代開始，國家正式提倡中西醫結合。當時的一些中、西醫醫生，確實能相互交流，共同研究。但自從二十世紀八十年代以來，這種現象慢慢消失了。現在基本上是中醫看不起西醫治療技術的單一與死板，西醫看不起中醫理論的玄虚及中藥藥理研究的滯後。

我經常要看一些西醫方面的著作，目的是爲了從中求證仙學與中醫的真實作用。理論上，方法上，都要做一些瞭解。我認爲，中醫與西醫結合，確實對很多疾病的治療有益，特別是對一些現在還被看作難治之症者，可能會有突破。

我對仙學，抱的是一種愛好的態度。所作所爲，也只是自己的一種愛好而已。根本的原因還是怕死，所以希望前輩仙學典籍中的記載真實不虛，也希望通過自己的努力能證得一二。

先生提到，臨床上見到生老病死較多，故而對這些旨在解決生死的學問有所質疑。這也正說明了，無論是醫學，還是仙學，或者佛學，都是完善生命的學問。生老病死，世事之常。但人生病後，只要條件允許，便會在第一時間求助於醫學。即使高齡、絕症患者，明知生機渺茫，依然要通過醫學手段以圖存活。而醫生則只要有一線生機，便會盡其全力以救治之。其實，都知道，救治只是一時之救治，誰也逃不過閻王老子的一筆勾銷。所以救治者，或許就是現在所說的對生命的尊重。仙家初步功夫要長久駐世，但在未證到此等境地之前，必須保證身體的正常、健康，所以仙家的一門必修學問就是醫學。佛家應該是最不看重肉體的了，但和尚生病也得求醫。如此種種，都說明人在面對生命時的慎重。雖然，這些學問目前尚無實證能達到了脱生死的水平，但這些至少給了我們一些希望。至於質疑，很正常。但我還是希望我們更多地在繼承與改進上用些心，雖未必能最終成功，至少是向前進步的吧。

以上所言，只是我的一些思考，拉拉雜雜，不成系統，僅供先生參考。

二〇一四年六月十九日蒲團子於存真書齋

答某先生仙學二問

（一）對於佛法，我是門外漢，瞭解頗少。對安般呼吸法門更是缺少瞭解。先生的問題提出後，我大概查閱了一下資料，得知所謂的安般呼吸，應該就是所謂的觀息法。丹道的呼吸方法有多種，有的是丹道獨有的，有的是跟佛教共通的，其根源來自於人的呼吸關乎生命之存亡。人的生命徵象有兩個標準，一個是呼吸的存在與否，一個是心臟的跳動與否。故仙家修煉對呼吸一層也頗爲看重。調整呼吸的方法有多種，就佛家的安般呼吸法門而言，陳攖寧先生所倡導的聽息法、海牙老師所提倡的聽皮膚法，皆與之有異曲同工之妙。不論觀息法、聽息法還是聽皮膚法，他們共同之處在於將心神收攝於一處，達到神氣相合、混然爲一的境界。靈源大道歌中有一句「混合爲一復忘一」，這些方法就是「混合爲一」的工夫。至於是否要「復忘一」，這需要看修煉者的修煉方向來決定。至於成就上，同樣是修煉者的宗旨來決定。其最初的功用，我認爲是沒有什麼區別的。不同的只是具體方法而已。並且，這些初步效果，從現代醫學角度都能得出相應的解釋，我和海牙老師在陳攖寧仙學的科學性一文中略有論及此文收錄在香港心一堂出版社出版的胡海牙文集一書中。如果條件允許，此類的研究與調查我將繼續進行，以期給這門古老的學問賦於現代科學的註解。

另外，關於聽息法與聽皮膚法，我與老師在醫學臨床及與仙學愛好者的相互交流中得知，並不是人人都適合的。比如，有的人用聽息法，結果呼吸越來越緊迫；有的人用聽皮膚法，結果渾身發緊。故而，我與老師後來只向人們推薦「三不動」之法。因爲「三不動」法最爲穩妥。老師還一度向患者及仙學愛好者推薦過「學死人」法、如雞抱卵法、復歸嬰兒法，效果都不錯。但以「三不動」法適應人羣最廣。

胡海牙文集太極真銓中有一句「空空洞洞慢慢求」，我認爲用在調整呼吸上最爲合適。

（二）仙學是一門科學，有具體的技術，而掌握這一門技術，跟道德是沒有關係的。故古常言：「雖愚昧小人，得之立躋聖域。」陳攖寧先生也曾說過，這些方法如果流於匪人之手，只能增加其作惡的能力而已。可知，無論仙學還是丹道，其具體操作上，跟道德沒有必然關係。將這門學術跟道德緊密聯繫，是人爲的結果。其中的原因，誠如金火燈傳賢不傳子論所云：「未得而求傳，莫不指天日、出肺肝，誓守玄律、不背師訓；一授訣，而權即操之於彼矣，或矜名，或炫能，或尚意氣，或溺親愛，或施濟而動猜疑，或放恣而干罪戾。究所從來，玉石俱焚。嗚呼！可不懼哉！」爲師者本意是接引後學，然而從學者中若有心底不純之徒，爲師者則麻煩不斷，甚至會危及自身性命。古有張紫陽三傳匪人三遭天譴之說，故爲師者不能不慎。我跟海牙老師學習多年，這類事情也見過不少。其中最甚者，因爲某君求訣未能如願，便與其徒子徒孫給海牙老師造謠多年。故陳攖寧先生所言「少一個徒弟少一層煩惱」不爲無由。

再者，丹道中的有些方法，如果理解不透，容易走向邪徑。如被學者「學術化」爲「中華瑰寶」的「龍虎三家術」，就是因爲對丹道名詞「三家相見」的曲解，而演生出了一種違背人倫的方法。如果道德高尚者，是不會有此等卑劣之心態的。所以，爲師者爲了丹道的純潔，同樣也很看重道德一層。

由此看來，道德雖與具體操作没有必然的關係，但與傳承與學術的純潔關係至密。

二〇一四年六月三十日蒲團子於存真書齋

附原問

關於仙學，我心裏一直有兩個問題，想請先生談一談看法。

（一）關於小乘佛教安般呼吸法門和丹道法門的比較。不知道先生認爲這兩者方法上，效果上，長短如何？當然，究竟境界上一個成阿羅漢，一個成金仙，這個也無法比較，我們只研究下手的方法功效。

（二）丹道方法日趨複雜，而且受宗教影響太大。我覺得最明顯的就是對道德標準的要求越來越高，幾乎到了不成聖人，不成丹道的水平。我想請先生談一談對這個問題的看法。

我個人對這個道德標準拔高是有質疑的。丹道成名的仙師，當然不會是道德敗壞之人，但是真的就全是道德上的聖人嗎？反過來說，深通道家而功德齊天的人物，不成丹道的例子也很多。隨便舉一例，耶律楚材，一言救了汴梁一百六十萬條人命，真要比功德，白日飛昇的諸仙可能也有不及吧。他通道家，可也沒有仙真送他一粒金丹；他通佛法，可也沒有立地成佛啊。讀書至此，當然有疑問：真的是滿三千功德，就能成就嗎？

我不是爲辯論什麼，只是有這兩個疑問太長時間了，敬請先生指教。

答某先生問

（一）道藏現在有幾個版本，大陸有影印本道藏、藏外道書，有點校本中華道藏，臺灣有影印本道藏、中華續道藏。我比較喜歡當年涵芬樓影印的綫裝分册的道藏。這些先生可根據自己的具體情况來決定是否購買。

（二）存真書齋暫無出版影印本的計劃。

（三）伍沖虛的金丹要訣可以讀。據陳攖寧先生説，伍沖虛曾有過實踐經歷，所以他的書應該是可靠的。陳攖寧先生曾節抄並批註過金丹要訣，有機會或可整理出版。

（四）道藏外丹書籍頗多，因我對外丹僅限於文獻閱讀，即未深入研究，更無實際燒煉，故無法判斷其真僞。

(五)稀見丹經續編外丹法彙錄是陳攖寧先生摘抄道藏中之內容,不是道藏外丹之全部。除此十四部外,其他如黃帝九鼎神丹經訣等,都是外丹之名著。

(六)本草類書籍中,確有與外丹相關者。閱讀此類書籍,對瞭解外丹有一定的作用。至於將其匯集一處,這不是一件容易的事。

(七)袁介圭先生校訂道言內外秘訣全書是影印本,尚未發現現有刪節的情況。我整理的外丹經匯編第一輯,有一部分內容即採自此書。

(八)「圓頓子」這個名號,是臺灣人誤用,而以「圓頓子」出版中華仙學等,內容上基本沒有問題,只是部分內容略有刪改,談不上僞書。

二〇一四年七月四日蒲團子於存真書齋

關於龍虎三家「丹法」析判致某先生

先生談及龍虎三家「丹法」析判一書的不足之處，故我真心地希望先生能提一些具體的看法。非常感謝先生撥冗回覆，指出對這本書的看法。

先生認爲，這本書「內容有些支離，像散文集。作者的個人看法表現是否過於太直白了，用春秋筆法含蓄一些或許會更好，更有說服力。還有『東方絕學』問題。個人主要認爲被『析判』這個『判』給連累，換成『析解』、『析分』、『析剖』、『析疑』、『析理』、『析辯』之類，換個視角剖析龍虎丹法，或者正本清源介紹龍虎丹法的種種。以析判作爲書的立意，是否有那麼一點不合適。總覺得這本書像個人的散文集，而不像仙學著作。當然，只是個人的一點意見，或許也有狹隘之處」。

爲此，我也想談我當初的思路。

一者，關於個人觀點是否太直白。現在所說的龍虎三家「丹法」，在社會上流傳了近二十年，除了我有過認真地提出不同意見外，大多數人是附合此說，甚至有不少人在鼓吹此說。丹法關乎人的生命，而龍虎三家之說，不論從倫理道德、國家法紀上，還是醫學科學、生理衛生上，都無益於人。大多數推崇此說或者艷羨此說者，不是妄圖一步登天，就是有切身利益存在。故而，我在撰寫這本書的時候，認爲没有必要再含含糊糊。何況，此書只是我的個人之言，如果自己的言論都含含糊糊，似乎更無法有說服力。當然，至於說服力的問題，在撰寫之初，我與諸位友人就不抱太大的希望。這是真心話。而事實也證明，即使我們再努力去分析、批評這種說法，還是有很多人癡迷於這種東西。看看學界研究丹道的，幾乎没有不將此種東西引入丹道，並鼓吹其神妙者。又如當前的道教，不少道教人士乃至道教的一些領袖人物，依然與這種東西套近乎，甚至極力推崇之。可知，這種東西，不是一個人、一本書能改變的。所以，當初的直白不直白，意義都不大。所幸，我當初的目的只是爲了讓看到這本書並關心這種說法的人，多一個角度罷了。

二者，關於所謂的「東方絕學」。龍虎三家『丹法』析判中關於「東方絕學」的評論，依據均採用某君之言。因爲所謂的「東方絕學」是一本「秘本」。對於這種問題，只能利用公開的資料，「秘本」涉及隱私，故不論是否知道真實內容，也不能採用。這是對原作者的尊重。至於「析判」二字，我是當「分析判別」、「分析判斷」來理解的。也就是我個人對這種說法的分析與判斷。

三者，就是「散」的問題。當初我自己還覺得這本書的論述部分比較完整，從龍虎三家說的由來、推崇、轉變及產生的原因，都有我自以爲詳細的分析。現在看來，各人的看法確實還是不同的。不過，這個也正常，這樣也有利於以後在寫相關文字時，多一些考慮。

另外，有人曾說此書下半部分所收錄的内容都是糟粕。這種說法没有錯，那些東西在我看來都是些垃圾。只是這些垃圾，在龍虎三家說的主張者中，却多屬「瑰寶」。所以，收錄在書末，就是讓大家都瞭解一下這些龍虎三家主張者們所謂的「秘籍」，免得被其等玩弄而已。

最後，還是要感謝先生對此書提出的看法。以上所言，也算是向先生表示謝意。同時，更希望看過這本書的朋友，也能多提提意見。

二〇一四年九月十一日蒲團子於存真書齋

答友人問煉丹

煉丹術，簡單地說，就是古人根據自然界的規律創造的一種延續生命的方法，分爲內外丹法兩種。內丹是平心靜氣、積精累氣，力圖使精、氣、神團結一處，從而達到精神與物質的高度凝結。外丹就是用一些礦物經過燒煉，服食體內，以達到堅固色身的目的。換句話說，就是讓肉體不死的方法。

長生不死是否真的有，現在没有明確的證據，但古人一直有追求長生不死的方法。換體再生，有幾種：一種是自己工夫尚未完成，但肉體已經不能駐世，所以就用投胎奪舍的方法，另找一個軀殼，以便繼續修煉；二是將身體中的精華凝結在一起，然後放棄軀殼，即陽神出殼法，這是我們認爲在此世界上仙學成應就的最基本原則；三是將身體煉化成爲氣體。這些在古代的仙學理論中都有，至於能否成功，至少我没有見過。

投胎奪舍，這種方法是否真有，不好說。但這種方法的前面一些工夫，則是可以做到的，如控制夢境等。

陽神出殼，就是身外有身。有身體的樣子，但没有身體的實質，而且可以變化。至於肉體化氣，是在陽神出殼的基礎上更進一步。陽神能出而不出，再經過幾番煅煉，把肉體也煉化。但這些只是理論與典籍上見到的，現實生活我並未見到過。

我個人非常希望長生不死的方法是真實的，但在今世尚未見到修煉成功者。「斬赤龍」之說確實出現得較晚，這跟當時的社會情狀可能有關。近、現代，達到斬赤龍者大有人在。只是這些人大約不清楚斬赤龍的作用，僅僅斬龍而已，末後的工夫卻無所適從。

二〇一四年九月二十三日蒲團子於存真書齋

關於三家龍虎、陰陽、清靜等答友人問

（一）關於龍虎三家「丹法」的問題，我在龍虎三家「丹法」析判一書中已經講得很清楚。至少我是這樣認爲的。但一些看過這本書的人，依然對龍虎三家之術抱有莫名的崇拜，這已不是我及我的這本書可以決定的了。曲己從人，我不願意；强人就己，我同樣不願意。而一些人，並未讀過這本書，就對此書提出批評言論，我覺得不太客觀。

至於這本書的撰寫原因、過程及目的，書中說得很清楚，不需要再作說明。以後是否還要進行相關的研究，我尚無計劃。因爲這種事情太麻煩，也不是我想做的。

（二）內丹法本無清靜、陰陽之分，後來由於各人的生活條件與環境不同，漸漸形成了清靜、陰陽兩種流派。兩大流派之下，又有不少支派、別派。不論清靜、陰陽，在過去都是秘不外宣的。雖然從一些典籍上可以看到調整呼吸、修養心性的方法，但這些是否就是真正意義上的丹法，尚不易一言以蔽之。

(三)清靜丹法,大約從明代開始,有了一些具體的修煉程序。特別是伍沖虛的天仙正理、仙佛合宗語錄及後來承伍氏之教的柳華陽所著慧命經、金仙證論等書的面世,清靜丹法的一些端倪已可謂顯現於世。雖然不少人對伍柳的方法一直有不同的看法,但這兩位先生的著作,却是幾百年來學仙者不可不讀的,其歷史地位是不容忽視的。而其中的方法,確實也得到了一些人的驗證。可以說,伍柳丹法,算是清靜丹法頗具代表性的丹法之一。時至今日,清靜丹法的內涵也越來越明晰,同樣,其部分效果也能接受當代科學的驗證。至於其中一些小訣竅,乃是具體行功時所用,如果能得到明師的傳授,在行功時自會獲益良多。

(四)陰陽丹法,大約跟悟真篇的出現關係頗大。雖然張紫陽以前的陰陽法著述也不鮮見,但悟真篇的出現,纔開始有人將清靜法與陰陽法明確地區分開來。不論陰陽法之說最早出現於何時,但這種方法自出現以來,就明確提出「概不輕傳」、「擇人而授」等傳承原則。而歷代丹家也反復申明,「任君聰慧過顏閔,不遇真師莫强猜」、「要知口訣通玄處,須與神仙仔細論」。可知,這種方法並不是可以廣傳的。正是由於陰陽丹法的隱秘性,致後世不得其門而入者,遂多方猜測,或望文生義,或異想天開。特別是明代大量房中下乘採補術著作面世以來，陰陽丹法與房中下乘採補術就一直混雜在一起。更有人在不得陰陽法真諦的情況下，斷然將陰陽法與房中下乘採補術認作一回事。種種原因，致使陰陽法愈傳愈秘。

（五）丹法秘傳、丹法靠師傳，向例如此，其中有必然的原因。這與中醫有一定的相同之處。中醫講求的是辨證論治，因人的不同而設置不同的治療方案。丹道亦是如此。因具體人的不同，而有各不相同的方法。古人所謂的「因材施教」，大約就是這個意思。所以，不論清靜、陰陽，如果尚未遇師，多讀書，多參訪，多思考，是比較合適的方式。大可不必偏執。

（六）丹家明師，是可遇不可求的。很多朋友對求師不得之事非常懊惱，甚至有些人因不得傳授而怨恨一些前輩明家。其實，學道者更應該多想的是自己是否有資格承受一些前輩的傳授。記得當年跟老師一起出門診，有一位博士，是學中醫的，要拜老師爲師，來診所好幾次，還有一位名家的傳人作介紹，但老師都婉拒了。我當時問老師，這個人的學歷這麼高，而且看起來也很誠心，您爲什麼不接納其爲徒呢。老師說，這個人當不了好醫生。

求師訪道，真誠爲最基本的原則。前幾天看到一份資料，對丹道老師的分類中，除了真師、僞師外，竟然造出了「刁師」這個名詞，這是讓人大跌眼鏡的。從「刁師」這個名詞，便可以知道這位先生當時的用心。其實，與「刁師」相對的，就是「刁徒」。因爲有了「刁徒」，纔可能有「刁師」。自己不從自身找問題，却將罪責推向他人，這是極不恰當的，也是令人遺憾的。

（七）我一直認爲，學術界研究丹道是很好的一件事。但當前學術界對丹道的研究，確實也存在不少問題，基本上没有什麽建樹。記得有一本專門研究西派及李涵虛的著作，將西派祖師幾乎刻畫爲淫亂不堪之輩，而西派丹法，也被編排的頗爲淫亂。這種研究，徒亂人耳目而已。與之相若的，吕祖洞賓、張祖三丰，也均難逃此劫。所以，我認爲，不論是民間研究還是學界研究，都應慎之又慎。因爲這種事情畢竟關係人的性命大事，不可太隨意。

（八）現在的道教，很是不堪。看看名爲「老子學會」的團體，其經常使用的標誌竟然是類若民間宗教的、不知所云的圖騰，而可愛的道教領袖們居然經常出現這種圖騰的下方。更有一些地方道教首腦，將與學界人士交往當作一種榮耀。不論是學界敗類還是學術流氓，在他們看來竟然是身份的象徵。道教「我命由我不由天」的尊嚴，已蕩然無存也，殊爲可歎。

二〇一四年十月九日蒲團子於存真書齋

覆某先生三題

原文一　所有的修行都只能度自己，哪怕感覺再真實，總要回歸於現實。

蒲團子按　「修行」二字，涵義很寬泛。我個人一直將「修行」二字作「修正行爲」解。當然，「修行」二字的意義遠不止此。我們要談修行，至少要知道我們在修什麼，行什麼，然後再談修行的效果，也就是究竟是度己還是度人。

從廣義上講，修行既是度己，也是度人。如一個人行善行，做善事，不僅爲自己積功累德，其他人也會仿而行之。自己積功累德，當然是爲度己；他人因之而行，亦積功累德，當然可謂之度人。這個問題是相對的。仙家講求自度，不講度人，故一直被作「自了漢」。然仙家祖師在自己勤修的同時，著書立說，把經驗留給後人。自己勤修，就是度己；經驗著述提攜後人，就是度人。所以說，「所有的修行只能度自己」這句話是不嚴謹的。

從狹義上講，修行就是度己。因爲，無論修什麼，行什麼，最終目的就是了脱自己。

原文二 所謂度人，也不過是讓人度自己。

蒲團子按 度人，也有多種多樣。從廣義上講，度人也是為自己積功累德，所以「也不過是讓人度自己」的說法也說得過去。但度人就是度人，特別像前輩祖師將自己的寶貴經驗留給後人，這種度人基本上没有什麼回報的。也就是說，這種度人，没有度己的成分存在。至於把這些東西歸結於宗教性，或者認為是修累劫，則又是一說，然不合乎科學意義。

狹義上的「度人就是讓人度自己」，很可能是一些人的江湖伎倆，即想方設法讓他人供養自己，以「積功累德」。

無論度人還是度己，都不應以功利為目的，纔能得到真正的「功德」。如果刻意地追求「度人」或「度己」，最終無法「度人」，更無法「度己」。

原文三 哪怕是真的度了自己，也是度了活着的自己，死了的，没人能告訴別人自己去了哪裏。

蒲團子按 佛家大多數的教義，證悟是在今世生命結束以後，也就是平常所謂的修來生。仙家則追求的是今生成就，如果今生不能陽神出殼，不能白日飛昇，所以

「度」還是没有「度」，就立見分曉。「哪怕是真的度了自己，也是度了活着的自己，死了的，没人能告訴别人自己去了哪裏」是有道理的。

原文 上面是某先生的三個問題，該怎麽回答呢？他没有得師，只是與某高道是朋友，據我和與他「旁敲側擊」的閒聊中知道，他是南派的，程度已經到小還，但鼎已經破了。

蒲團子按 先生所説的三個問題，其實不能算作問題，應當看作三個概念。這三個概念含義很寬，但與真正的修煉關係不大。以上所言，也僅是我的一己之見。

至於談及提出這三個概念的那位先生，「與某高道是朋友」、「南派」、「程度已經到小還，鼎已經破」等，有很多值得商榷的地方，留待他日再説。

愚見如是，先生以爲如何？

二〇一四年十一月七日蒲團子於存真書齋

答某先生

原文　我從今年上半年拜讀了陳攖寧先生黃庭經講義，就對他極爲欽仰，後購求了中華仙學全書，自以爲對仙學有了籠統的理解，並依鈎玄錄所載方法每日靜坐，可是本性太懶，常不到半小時就睡覺。後面胡海牙先生的八段錦本來發願時時練習，可是幾天都没堅持得了。又經常喜歡試試別的方法仙學全書法門實在太多，導致毫無效驗。我自己雖然常看古仙訓文，對自己的毛病很是痛恨，却總是改正不了。求先生能指教一二，不勝感激！

蒲團子按　仙學的法門有多種，但主旨總是不變的。在没有得師傳訣之前，根據書本上的記載試做是多數人採用的方法。每一種方法如果能行持三個月左右最好。當然，也可以根據自身的情況，選用合適的方法。法無定法，不一定要守住某種法門。但須要注意的是，無論何種法門，一定要抓住其主幹，也就是所謂的丹法主旨。如果能抓住主旨，再經過相互對比，如果有幸得遇師指，便會覺得各家丹法其實在主旨上並無分別，所不同的只是形式上的東西。

陳攖寧先生的黃庭經講義其實把很多內容都講了，只是他當年是爲前清遺老王聘三先生講述，故而部分內容還是有所局限。前些天我有意對陳攖寧先生的黃庭經講義做一些「發揮」工作，只是限於俗務，未能實行。先生可多讀幾次，應該會更有收穫。

現在的社會環境，其實不適宜於做工夫。特別是在都市中，到處鶯歌燕舞，車水馬龍，很難有安靜的地方。古人的「大隱隱於市」確實不適合現在的環境。再加上生活方面的問題，大多數人要從事於社會工作，每天縈縈於緊張的工作之中，即便是身體有休息的時候，思想也很難安靜下來。故而，每天能靜坐片刻，且能真正地安靜下來，也很不容易。我與海牙老師在臨床中總結，如果每個人，每天能有一兩次真正的安靜，就會對身體有所助益。安靜的時間只要超過五分鐘即可。當然，時間能達到一個小時左右最好。所以，先生每天能靜坐半個小時，已經够了。只要能堅持每天一兩次固定地靜坐，對身體只會有益。至於專門的修煉，等機緣成熟，法、侶、財、地、福諸要素完備，再做打算。

另，靜坐的目的在於靜，坐不坐關係不大。如果睡臥之時進行靜功修養，當更爲方便。其方法可採用陳攖寧先生「三不動」法中的「身體不動」。八段錦的方法，需要掌握要領，鍛煉起來纔有趣味。

原文 再有一問，最近我常思考陰陽派丹法原理，並求諸古籍，結合陳攖寧先生的文章，似乎得了點端倪，但不知是否正確，請先生賜教。

各派都爲了求取先天炁，陰陽派則在類似陰陽交媾先天一炁順來成人時取之，所謂順去成人、逆來成仙，又所謂「百姓日用而不知」，不知此理對麽？

蒲團子按 先生的理論大體不差。然陰陽派丹法招攝先天一炁，最重要的是火候。而火候向例是不輕傳的，必須真師指授方可。「道在平常日用中」，「百姓日用而不知」，惟有真師指授之後，方可見頭頭是道。故學道須求師。

前幾天看到某君說，丹道修煉須明天文、地理、醫學等等知識，非一兩句丹訣可以了事。這種說法，似是而非。未得訣前，一定要看書，而且必須多看書。只有博讀廣參，在遇真師時方不至於當面錯過。至於得訣之後，古語云「得訣歸來不看書」，又說「得訣歸來好看書」。得訣歸來不看書，是指得真師指授口訣以後，即可真修實證，一切語言文字都不相干；得訣歸來好看書，是指得訣之後，獨具慧眼，書中一切都昭然若揭，故任何書籍在目下均會頭頭是道，毫無障礙。陰陽派丹法尤其如是。然而得訣一層，須機緣成熟，不是尋訪可得。

當今談陰陽丹法者，旁門左道者居多。愚在其他文章中略有談及，此不多言。

二〇一四年十一月十二日蒲團子於存真書齋

再答某先生

原文 覺得靈源大道歌功夫與心齋道理相同，都是後天返還先天，只是有點疑問，當「忘一」後道來「集虛」時，當怎麼「元和內運」？是順其自然麼？還是別有妙法？希望先生略爲透露，或者内運之法，就藏於丹訣串述？

蒲團子按 靈源大道歌的工夫與心齋工夫，有同有不同。其相同者，是形式與入手原理。籠統地說，靈源大道歌以無爲爲主，雖然也有「混合爲一」的工夫，雖然也有「蒸融關脈變筋骨，處處光明無不通」的效果，但同時也有「無心」、「復忘一」、「緘藏俊辯黜聰明，收卷精神作愚魯」。故陳攖寧先生在後來也曾改正云，靈源大道歌是無爲法，此篇只能看作道書，不能看作丹書。故靈源大道歌應屬於修道工夫，而非專門的修仙工夫。以愚之見，靈源大道歌的工夫，跟陳攖寧先生的「三不動」法較爲相契，即無爲中有作之法。記得在以前的文章中曾提到過，這種工夫的轉折在「混合爲一」之後是否「復忘一」。「無無亦無」，則趨於證道；「存無守有」，則趨於成仙。雖然，修道工夫到極致亦可成就神仙，修仙工夫到極致亦可證道，其究竟境地是相融通的，但其最初的途徑是有區別的。

心齋的工夫，是有爲中之無爲法。或者說是先有爲而後無爲。以有爲入手，漸歸於無爲。其「無聽之以耳，而聽之以心，無聽之以心，而聽之以氣。聽止於耳，心止於符」一段，是仙家工夫收攝精神、調整真息的高妙手段。佛家也有類似的法門。

靈源大道歌與心齋中的工夫，「元和內運」均是在自然而然中運行。至於「忘一」與「集虛」，都是自然而然的，是功夫的一種境界，不是勉强做出來的。當然，到一定程度時，還需要一些注意事項，這就要根據各人的不同情況來定。而在這些時候，道侶的護持也少不了的。

丹訣串述用的是隱語，其內容不限於上面的兩種工夫。「或者內運之法，就藏於丹訣串述」的說法，也說得過去，但不完全。此種話題，以後有機會再談。

原文　仙學必成中胡海牙先生按語曰：「神氣合一之法，請回頭仔細參詳丹訣串述末句」。而串述末句爲：「既登彼岸捨舟楫，再入輪迴做眾生。」可是我想了又想，並不得其解，望先生透露點消息！

蒲團子按　幫老師整理仙學必成是十五六年前的事了，當時老師在整理稿中加入此句，並略作解釋，愚當時並未太在意。經先生提及，愚又查閱了一下仙學必成及丹訣串述，可以確定，海牙老師當年所謂的「最後一句」，就是「既登彼岸捨舟楫，再入輪迴做衆生」。至於老師當時的意思，現在已記不大清楚了。但在後來老師讓我幫他回覆信件中跟先生一樣的提問時，只說讓來函者多「悟」。故也只能將愚能記憶者告訴先生。

原文　黃庭經講義，其中有「人常以不動之神，藏於臍腎之間，則長生有基」，靜功總說中也說在念頭歸一後纔做聽息，大概不動之神即是元神吧，那些因爲凝神下田而遺精、聽息功夫也做出流弊的人，是不是用識神摻雜的緣故呢？是否一定要清淨無念以後方纔凝神調息呢？

蒲團子按　黃庭經講義中此處「不動之神」可以當元神理解，但其中另有作用。凝神下丹田而遺精，不僅僅是識神摻雜的原因。聽息出現弊端，識神摻雜的原因多一些，但也有其他原因引起者。

凝神調息是一片工夫，正因爲神散不凝、息亂不調，古人纔創設出多種凝神調息之法。清淨無念時，一般自然會息調神凝，用不着再做凝神調息工夫。陳攖寧先生

「三不動」法中的「身體不動」，是愚認爲最好的調息凝神之法。只要如法去做，息不必調而自調，神無須凝而自凝。

以上僅是一己之見，供先生參考。

二〇一四年十一月十七日蒲團子於存真書齋

答某先生問八段錦

原文 胡師八段錦，能否請先生指點要領並談談體會，如何纔能練得有趣味？我個人總覺得，這套八段錦有更深的武功內涵沒有說出來，其實不同於一般的養生功夫，能否請先生點撥出來？

蒲團子按 「點撥」二字不敢當。海牙老師的八段錦，是在傳統八段錦的基礎上，結合內家拳法而創編的一套運動。我認爲，此套八段錦是學習仙學必要的輔助方法。最初的文字整理，是由我根據老師的口述完成的。因爲這套運動不光是動作，還有內勁。當時我做了一份比較簡單的文字稿。我認爲，這種運動，即使老師當面教，學習者也未必能掌握要領。如果僅依靠文字，則更不能達到其應有的效果。後來寧夏大學的張宗奇跟老師學習這套運動時當時宗奇尚就職於國土資源報報社，覺得我的文字稿太簡單，遂再次根據老師的口述與示範進行了整理。現在我們看到的文字稿，即宗奇之手筆。文字及內容比我當時的文字要完善、完美很多。

誠如先生所言，這套八段錦中的武功內涵沒有說出來。不是不說，是因爲這種內涵用語言文字難以表達。如果能真正體味到這套八段錦中內在的東西，自然就有趣味了。我和老師在診所時，曾指導過不少人練習這套運動，但能真正掌握要領的也不多。因爲診所中因生病而來者多，專門學習仙學的少。一些外地朋友來京時，順便到我的住處，看到他們的示範，也多不合法度。特別是內勁的運用與「搖頭擺尾去心火」一式，大多數做不到位。經過糾正，一般都能做到位。

我曾跟一些朋友談過，打算在適當的時候，專門將內家八段錦、床上健身操、户外健身操的內容一一示範講解。也有養生機構跟我聯繫過。但這種事情很麻煩。現在的一些養生機構，熱衷於辟穀、服食之類的，或者丹道、周天之類方法，類似八段錦之類的運動，大都認爲不够「神奇」，故一般不願意推廣。再者，這些運動無法賣錢。集中辟穀、集中通周天、集中學習丹道等，這些好收費，價格高一些都無所謂。但八段錦之類，即無神奇的理論，又無怪異的方法，也無立竿見影的效果，更無誘人的遠期效果，故而也是養生機構不願意推行的一種原因。他們跟我談的，大多是講仙學、講丹法、講中醫養生之類的，與我的見解不同，故這種事情後來就作罷了。以後是否還會做這種事情，只有看機緣了。

二〇一四年十一月十八日蒲團子於存真書齋

答某先生

問　胡海牙文集中有一篇胡先生的聽皮膚法，看了自己不甚明瞭，您能否指點一下。如何將意念放在全身的皮膚上？這樣意念太重吧？還是逐步開始？我現在練習了一段時間太極拳，看到文中說圓滿如掤勁，是先從雙臂的皮膚開始嗎？

答　聽皮膚法的目的，是爲了避免意守某一處而出現弊端。如陳攖寧先生曾做過一個比喻，說人把財物放在一個地方，如果突然遇到强盜，將會被洗劫一空。如果分散開來放，雖然遇强盜被劫，但還有可能會保留一部分。這主要是針對意守下丹田煉精化氣等工夫而言。因爲，如果做意守下丹田工夫日久，精氣會聚集於下丹田，一旦走丹，不僅後天濁精流失，其身中的精氣也會隨之流失，較之不煉功之人，危害更大。而陳攖寧先生的聽呼吸法，也就是不讓做工夫者意守身體的某一處。胡海牙老師的聽皮膚法，則是因爲很多學道者在潛意識中已經接受了意守這種概念，做工夫時如果不意守，但覺得無着落，而這些人行聽呼吸又不得要領，故老師根據聽呼吸法改編了一種聽皮膚法，意思就是把精氣神分散於全身各處，萬一走丹，可不致一次走漏太多。

聽皮膚的做法，是在坐定站、坐、臥皆可後，將意識淡淡地放在皮膚上即可。其他不用管。至於說到掤勁，是指全身就像汽球一樣向外掤開，不是先從手臂，然後其他地方。汽球充氣，向四圍的力道是均勻一致的。故聽皮膚時，也是要跟汽球充氣後一樣，全身勁道均勻一致。「圓滿如掤勁」只是一個比喻，主要是體會其中的勁道。

關於聽皮膚的內容，我以前的文章中多有談及，先生如果有時間，可以參考。

二〇一四年十二月五日蒲團子於存真書齋

關於胡海牙文集、稀見丹經三編覆某先生

胡海牙文集一書對仙學問題，講得很比較通俗，而且多有創見與發揮。雖不能說仙學口訣盡數透露，但閱讀此書能多一些思路，對仙學能多一些思考。我自己也常閱讀此書。

稀見丹經三編中的西泠仙詠是完整版的。陳攖寧先生當日只是選擇性點評。收錄此篇，是因爲我覺得有些内容對我們的思維、道德都有警醒作用。在整理過程，我自己也頗受感觸。此篇雖不能算是仙學修煉之著作，但其中有很多内容對修煉有幫助。

二〇一四年十二月十二日蒲團子於存真書齋

答某先生三問

問　昨晚我靜坐的時候這些天我都在按胡海牙老師的欲保長壽，先補虧損法練習，忽然間困意疾衝頭腦，不得已倒身睡去，今早起來發現濁精洩出，但身體並無不適，不知是什麼原因。

答　偶爾遺精，一般沒有關係。這個跟個人的體質、用功的方法有關。因爲先生所述較簡單，詳情我不知道。依我之見，海牙老師欲保長壽，先補虧損中的陰蹻補陽法，比較適合於老年人，或者身體素虧、腎陽不足之人。年紀較輕及身體康健者，如不深諳變通之法，是不適合用這種方法的。用功的方法與年齡頗有關係。

問　若之前坐時，只是覺腹部微熱，並無其他感覺，每次都極力克制雜念，似乎不是由於識神作用，雖然身體無礙，可是令人費解，望能解釋疑難。

答　腹部微熱，是正常現象。至於雜念，其實我們所做的初步工夫，基本上都在努力排除雜念。比如以一念代萬念的意守法、追求一心不亂的持咒法、專心致志的內外觀想法，乃至數息、聽息、聽皮膚等。這些方法，有些好用，有些不好用，有些還會起到反作用、出現弊端。所以，陳攖寧先生提倡「三不動」法。「三不動」法中，又以「身體不動」最爲合用、最爲重要。

問　又昨晚與今早我又翻看了攖寧先生答問文章，好像明白了一點，極力克制雜念，似乎害勝於雜念，總是識神用事，不知是不是呢？

答　陳攖寧先生對雜念的說法很透徹，所以他提倡「不去理他」。只聽其自然，不可任其自然，即可。

二〇一四年十二月十三日蒲團子於存真書齋

關於鼻外、髓實答某先生二問

問　我接觸鼻外虛空法是在今年暑假時候，且實驗過一次，不過彼時已看過陳攖寧先生文章，覺得守鼻外和眉間、山根、臍下等都差不多，可是我很難做到有意無意，就「一心二用」，邊守鼻外邊守臍下，既没有效驗，也不見毛病，現在想來，應該是彼時「懶癌」大作的原因。先生可有克制「懶癌」之法或經驗？

答　任何工夫，僅憑一兩次的實踐，是無法驗證其效果的。「一心二用」是很好的，而且在某些階段還必須用一心二用之法。不論是鼻外一著，還是其他意守之法，均不宜守一處。只要不執著，就可以了。

懶病無治。記得陳攖寧先生在黃庭經講義補記引王聘三先生之語曰：「傷寒病尚有治法，疏懶病則無藥可醫。」記得我跟海牙老師也談過這個問題，老師也是笑笑而已。

問　陸西星法藏總抄中有一段：「師呂祖問：『煉己之功，何所徵驗而可以臨爐？』

予陸西星答以：『精滿不思欲，氣滿不思食，神滿不思睡。』師曰：『如是難哉！夫精氣神皆帥於志，志精確亦可以忘欲忘食而忘睡，以是爲驗，未足徵也。要知當以髓實爲期，髓實方可下手。髓實於寒暑二字上見得，耐得寒暑，非避寒暑。此在人自覺，一毫欺瞞不得。』師言：『寒暑是自家寒暑，謂寒不能侵，暑不能涉，如嬰兒然，方云髓實。』」可是「自家寒暑」、「髓實」、「如嬰兒然」、「寒不能侵，暑不能涉」到底指的是什麼，我百思不得其解，後文也没再說明，只有請先生解釋疑難。

答　法藏總抄是否陳攖寧先生鈔本？這本書應該還没有公開發行。至於「髓實」，即某先生所說的「骨髓飽滿」。中醫學認爲，腎主骨，骨生髓。髓實，也就是腎氣充實。腎氣充實，自然寒暑不侵。腎主先天，腎氣足也可以理解爲先天氣足。這些是工夫的程度及效驗，只要工夫做到身上纔能體會到。

二〇一四年十二月十九日蒲團子於存真書齋

答某先生問周公百歲酒

問　最近看一本書上寫了胡海牙先生的秘方「周公百歲酒」，說胡先生經常飲此酒，有利於養生云云。後來，我發現有買這個藥酒的。請問確有其事嗎？

答　第一，「周公百歲酒」方不是秘方，是陳攖寧先生抄自歸田瑣記。這本書雖不能算廣爲流傳，但也不難見到。第二，胡海牙先生確實喝過這種酒，只是他僅喝過一料，也就是一劑藥泡的酒，而且還不是他一個人喝完的。

這件事情的經過是這樣的。大約在二〇〇〇年，老師在給我一些文字資料的時候，裏面夾有一張從書中裁剪下來藥酒方，即周公百歲酒方。老師說這個方子是陳攖寧先生從書上裁下來的（後來我也見過陳先生手抄的這個方子）。因爲我的父親也喝酒，我就把這個方子上的藥物買了一劑，拿回陝西給我的父親泡酒喝。我的父親喝完後，說了這種酒的優劣點。我把這個情況跟老師說了一下，老師告訴我改一下方子。但改了幾次，效果都不理想。後來，我又把這個方子送給幾個朋友用。但得到的結果基本是一樣的，有效果，但也有弊端。一直到二〇〇四年前後（具體時間我忘了），我跟老師談這種酒的時候，老師說讓我幫他買一劑藥，他試試。老師當時在某某堂藥店坐診，我侍診抄方，就幫老師在藥店買了一劑藥。老師嫌麻煩，讓我把藥打成粉。因爲某些原因，去掉了方中兩三味藥。老師拿回家後，用黄酒先泡，然後用白酒泡。至於飲後的效果，老師很不以爲然。也就是說，老師只飲服過一次，既没有「常飲」，也没有因此酒得益。至於所謂「飲用半個世紀」、「師徒相授」及「向國家領導推薦」之類，虚假廣告詞而已。

我所知道的就這些。很多朋友問及這個問題，在此統一答覆。

二〇一四年十二月十九日蒲團子於存真書齋

答友問「存真書齋仙道經典文庫」整理計劃

（一）古書隱樓藏書的清刊本、民國刊本及守一子道藏續編第一輯的原本我都見過，除了部分內容仔細閱讀過之外，其他內容均粗略瀏覽過。閔一得的著作，據前輩們説，作於其出事之後，故他的著作與其所得真實傳授是有區別的。陳攖寧先生評價性命圭旨一書時曾有「秘訣當於普讀者易忽略處求之」。其實，古書隱樓藏書的妙處也是如此。但總體上附加內容太多，真正有用的東西没有多少。所以，如果没有特殊的原因，我們没有整理此書的計劃，更不欲將此書收入存真書齋仙道經典文庫。

（二）濟一子傅金銓的證道秘書十七種，也不在存真書齋的整理計劃之內。原因是濟一子的書內容太雜，而關於丹道方面，鮮有見識。後人中因濟一子的書中收入房中術的內容，及其鼓吹金丹真傳一脈，遂認爲傅是人元丹法的代表人物之一。其實，陳攖寧先生等稱其爲「人元丹法的應聲蟲」已是客氣話了。至於其試金石一篇，純屬文字遊戲，竟然被一些人視若寶物，也是可笑又可怪者。

（三）劉一明的道書十二種，主要是因爲没有找到很理想的底本。中國醫藥科技出版社出版的兩種版本合成版，雖用意不錯，但終究與原刻的意思不一樣。所以，道書十二種或者劉一明集的整理，還需要再考慮。

（四）參同契闡幽、悟真篇闡幽已是早年的計劃。悟真篇闡幽的底本没有問題，但參同契闡幽的底本不是我們理想的底本。我曾見過一套刻印精美的參悟闡幽。雖然後來決定根據手頭版本進行整理，但還是一拖再拖。只能看機緣了。

（五）吕洞賓集、張三丰集的版本已經確定，只要時間允許，就可以進行整理了。

（六）黄元吉的幾本書，蔣門馬先生整理的質量較高，其他人恐怕不容易超越。我們原來確實有計劃整理這幾本書，但考慮到這幾本書内容繁冗之處頗多，而已有較好的整理本，故而暫時未納入整理計劃。當年我跟海牙老師曾計劃，按陳攖寧先生「提綱挈領」的精神，續補口訣鈎玄錄，但只做了一些初步工作，就因故作綴。我打算在適當的時候，將自己閱讀此書的一些筆記整理出來，完整的原著就不再整理了。

（七）方壺外史，早已納入整理計劃。至於將陳攖寧先生的參同契講義及悟真篇三註摻入其中，我認爲不太妥當。一是因爲那樣做很可能破壞了陸西星先生原著的完整性；二是我們打算出版陳攖寧先生參同契講義的單行本及上陽子集，如果將此兩書收入方壺外史中，勢必出現重復，徒增購書人的經濟負擔。原計劃做陸西星仙道集，但對於是否收入南華副墨、三藏真詮及陸西星的佛學著作，很多朋友都有不同的意見，故最後決定，只整理方壺外史，並附悟真小序。至於三藏真詮，或於其他文集中收錄；南華副墨及佛學著作，再作打算。

（八）關於陳攖寧先生的著作，近年來出版得太多。以前出版過的，各有優劣。其中是是非非，一言難盡。我們肯定要整理，但如何整理，新增哪些内容，什麼時候出版，這些都是要考慮的。

（九）關於存真書齋仙道經典文庫中爲什麽没有整理者的批註、導讀之類。這件事很多朋友跟我提過。我們當日整理這些經典，目的是保存一些道家文化的資料而已。所選內容，都是經過多重考慮後所定。除了李涵虛仙道集後附有拙作一篇，參悟集註後附有陳攖寧先生文章兩篇，以及因是子靜坐法四種之編輯大意中略爲推廣之外，其他各書除了作者簡介、版本信息、整理原則之外，均未妄加評議。另外，爲了避免影響全書的整體性，已出版各書，除了稀見丹經匯編初編、續編、三編、重訂女子丹法匯編等匯編體裁者，由於所選內容篇幅短小而合衆人之作爲一書外，其他基本上是一位作者一册書，以保證讀者在閱讀時不受干擾。

（十）由於我的生活一直不穩定，以前没有完成的計劃及以後想要完成的計劃，什麽時候纔能付諸實際，我自己也不敢保證。其他的計劃，只能看機緣如何而一一努力了。

非常感謝給我們提建議與意見的朋友，非常感謝關注存真書齋仙道經典文庫的朋友，更感謝爲存真書齋仙道經典文庫提供出版便利的香港心一堂出版社及陳劍聰先生。

二〇一四年十二月二十三日蒲團子於存真書齋

答某先生問

問　閔小艮著還源篇闡微末後有一通任督之法，是否正道？可行否？原文如下：「此身一出母胎，漸漸忘却來時根本之路，度一年則督任之路壅塞一年，若再感風寒暑濕之邪，更令臟腑閉塞而死。是以素問天真論首提『知道者，氣脈常通』。至『聖人傳天氣以通神明』等句，惜其言略而不詳。然修道一法，軒轅、歧伯尚且推重如此，而今之人欲將督任之路疏鑿一通，談何容易？必須子午二時面南趺坐，努力閉氣如不息者，一氣竭力注下閉息，至再至三，極至一十、二十、三十之數，總有疏通之日。最宜冬月行之，乘天氣藏陽之候行此猛法，則氣藏而不傷。若從容行之，必待期年而始通矣！」

答　通任督之說，不知始自何時，明代以後的丹書中此種論調頗爲多見，也經常有人以此做爲衡量丹道工夫之標準。人身的十二正經、奇經八脈，都是無形的。經絡理論，是中醫的特色理論，經絡是無法用儀器探測到的。丹家的經絡說與中醫的經絡說雖略有異，但根本上差別不大。無形的東西，如何證明它的存在與否？如何證明它的壅塞與否？至於「度一年則督任之路壅塞一年，若再感風寒暑濕之邪，更令臟腑閉塞而死」，其實從醫學實踐中證明，這種說法是不可靠的。有不少病人在督脈、任脈上做過手術，或者任脈、督脈循行路線上出現過病變，但並不一定會對生命造成太大的影響。又如十二正經，在現實生活中，有些人因爲各種因素失去某個肢體，比如手臂，那麽，手三陰經、手三陽經必然會被「截斷」，豈不更危險？事實上，缺少部分肢體的人，除了某些功能欠缺外，基本上與正常人無異。何況身體正常的人，不存在什麽任督壅塞等問題，更談不上因之產生一系列問題而致生命終止的現象。這樣說，並不是反對通任督之說，而是想提醒信奉這種學說的人，不要太迷信通任督之說。

至於「必須子午二時面南趺坐，努力閉氣如不息者，一氣竭力注下閉息，至再至三，極至一十、二十、三十之數，總有疏通之日。最宜冬月行之，乘天氣藏陽之候行此猛法，則氣藏而不傷。若從容行之，必待期年而始通矣」，這種方法，我不太贊成。仙家的方法，因人而異，不必人人同遵此路。閔一得書中的這種方法，或許有一定的適應羣體，但也易造成弊端。通任督的方法很多，有急進法，有緩進法。這種方法屬於急進法。急進法自然容易出問題。

問　稀見丹經續編印刷、裝訂都極爲精美，封面看着也十分有感覺，實爲精品。其中的三一音符，較之前出版的好很多，不過，其中的「未濟圖」和「既濟圖」，胡海牙先生按語說含有妙義，我難以領會其中妙義，望先生能指出一點消息，或教些觀圖的方法，使末學少些疑惑。

答　感謝先生對我們整理圖書的讚譽。三一音符一書，我當年與老師整理仙學必讀、仙學輯要二書時已整理完成，當時老師並沒有打算公開，故我也沒有再做仔細審改。後來本書被公開，但也未再進行審改。其實老師當時給我打過電話，想讓我審讀一遍那些稿子。但由於特別的原因，我沒有看到那個稿子，也不知道三一音符被公開的事情。等後來見到那兩幅圖，不禁爲畫蛇添足者而感到遺憾。故而，後來在出版稀見丹經續編時，我經過老師同意，收錄了三一音符，並按原圖的意思，請我的父親重新繪製了那幾幅圖。所以說，以前公開出版的三一音符中的那兩幅圖，是錯誤的。至於其妙處，當在言語之外，說破了就失去了意味了。其實，可以參考以前見過的圖，看看其中不一樣的地方，或許有所得。

問　胡海牙文集增訂版仙學理法篇第五十五頁倒數第四行「下私功夫」，似有錯字，或是「私」字另有妙義？

答　「私」是指私下用功、暗自用功的意思，也是指不要誇誇其談，要真實用功。

其還有一層意思，就是要比別人下更多的功夫。

以上僅是我一己之見，聊供參考。

二〇一五年二月七日蒲團子於存真書齋

答萬□□問

前略神仙之道，自古皆言「學者如牛毛，成者如麟角」。歷代以來，也常有「徒聞扶梯之頻響，而不見人影之下樓」的疑問。神仙是否真有其事，除了典籍記載之外，很難一覓其真踪。時至今日，科學唯物主義盛行，也基本上否定了神仙的存在。我們這一代人，從小接受的是現代科學思維，本不應該相信世上有神仙，但還是有很多人癡迷於神仙世界。究其原因，不外以下幾點。一是對生死大事不究竟，對生命的局限不甘心，或者說「怕死」。二是古代典籍不僅記錄了神仙事迹，而且還有具體的方法，雖然很多人並未能通過典籍或師傳的方法得證神仙之果，但仙學方法中顯現的一些效果，却給予了人們追求神仙之道的信心。如通過修煉，身心有所改變，或讓病體得以康復，或讓壽命得以延長，或讓精神得到安樂，等等。三是除古代仙學典籍中傳載的方法之外，現在還沒有什麼可以讓人解決生死大事的學問，故明知成就神仙之事頗爲渺茫，但不願意放棄這個惟一的機會。記得陳攖寧先生在談到自己假如能成就神仙的時候，用了一個詞：「僥倖」。也就是說，如果我們現在的人，能夠成就神仙之體，只是僥倖而已，不能成就神仙之體則屬於正常。但這種僥倖，却不是憑空而來的，它需要根據仙學口訣，進行多年的實際修煉，然後纔有可能出現這種「僥倖」。所以，我一直勸學道的朋友，把這種事情當成一種愛好。愛好可以是終生的，愛好也不一定非要得到一個什麽具體的結果。如果條件允許，能實地用功，機緣輳合，或許真有「僥倖成功」的時候。

仙學口訣，向來須要師傳口授，這個裏面確實有其必然的原因。至於口訣是否靈驗，却不是一兩句話能說清楚的。古人著書立說，或爲發揮性情，或爲尋訪外護，或爲流傳學術。其中有真傳實授者，有故弄玄虛者，有字字灼見者，有閃爍其詞者。至於如何分別，取決於讀者的自身修養。這種修養，是智慧的問題，不是聰明的問題。只有具大智慧者，方能清晰分別。這是真實話。

我自己這些年來一直整理出版仙學典籍，並偶爾寫一些小文章，或者公開回覆一些朋友的提問，原因有二。一是我非常喜歡仙學這門學問，特別是「陳攖寧仙學」即胡海牙老師完善後的匯三元丹法、中醫針藥、內家拳法爲一體的仙學。我最初學道的時候，也是迷茫不已。四處參訪，心中之疑團始終難以解開。後來遇到海牙老師，所有疑團纔逐一抉破。所以，我願意把我的一些認識公佈出來，給同樣喜歡這門學問者提供一份參考。故而無論認識與不認識，凡有問及我者，我都儘量與他們交流我的看法。二是我早年就發願要流通古籍。後來因爲自己學習的需要，收集了不少自己認爲比較珍貴的資料，而有些資料又非常地少見，故而纔下定決心，把它們整理出來，爲仙學保留一些文獻。

現在的修煉者，流於口頭者居多。這個並不完全是修煉者本身的問題。現在的人，要養家糊口，要爲生活奔波。特別是在大都市中生活的人，更是如此。每天能有片刻的安靜，休息尚嫌不足，更談不上做工夫。須知，仙道工夫，不是一時半刻的事，也不是隨意的事。「須知大隱居廛市，何必深山守靜孤」中之「居廛市」是與「守靜孤」相對應的。所以，攖寧先生曾說「未煉還丹莫入山，煉了還丹須入山也」。

各種法門，都有其存在的必然性，只要理清其源流，都是有用的。每種法門都有其相對的適應羣體，而不是以一法應萬人的。但是，就仙學正式方法而言，雖然有不同的形式，其實質是相同的。也就是說，其核心的東西只有一個。所以，悟真篇說：「萬卷丹經語總同。」而後人又有「正人行邪法，邪法悉歸正；邪人行正法，正法亦是邪」之說。故而，法之善與不善，關鍵在於人如何運用而已。

毛澤東有詩云：「牢騷太盛防斷腸，風物長宜放眼量。」近年來，我對此兩句詩感觸頗深。現實中，很多事情以我們個人的力量很難改變。如果能從微小的地方着手，一步一步向前行進，即使不能達到我們的目標，也可儘到我們的一份心力。但行善事，莫問前程，這樣或許還有一些收穫。

以上是我的看法，僅供參考。

二〇一五年二月八日蒲團子於存真書齋

答某先生問清靜功夫與陰神、陽神

問　在仙學與氣功養生一文中，胡海牙老師說清修功夫至多可以出陰神，而在另外的文章中，陳攖寧先生又說清修功夫做的好可以出陽神，做不好只能出陰神，就能投胎奪舍，不必專門做投胎奪舍的功夫。這些說法有矛盾嗎？如何理解？

答　您好！您所說的這種情況，確實存在。我認爲，這個問題是他們二人見解有區别。海牙老師說清靜功夫至多只能出陰神，是對經典的認同。而攖寧先生所說「做好了也可以出陽神」，是對清靜功夫的發展。當然，這種發展是有具體方法的。「做好」二字，是關鍵。因爲一般人並做不好。所以，海牙老師對那種發展了的方法或許還有不同的看法。我認爲這種兩種說法並不矛盾。通過經典的閲讀及一些經驗的總結，清靜方法做好了，或許真有金丹換骨的效果。只是，這些都需要在實踐中驗證，僅憑理論是不可靠的。

二〇一五年三月三日蒲團子於存真書齋

答某先生問太極拳

問 曾看過你一篇文章，談及內家拳有好處，但是要有度，這句話頗感言簡意賅，有些問題也困擾我很久了。我想到過去那些冷兵器時代，包括近代，習內家拳的很多名家、大家，壽命都不長，如陳發科七十歲，而陳照奎、楊澄甫僅五十幾歲去世，這樣的例子不難找見。個中原因，說法亦很多。有說和飲食有關係，也有說打鬬太多或練功過度，又有的說是法門不對，這些似乎都有道理，但又沒有一個最主要的、切中要害的說法。先生能否談談你的觀點？就目前來看，太極拳是個主流品種，尤以陳式多見，普通人該如何把握其健身、防身的一面，爲養生服務？

答 關於歷代內家拳者都有壽命不長的現象，這個確如先生所說，一言難盡。我對太極拳只是淺嘗輒止。前幾天還跟某老兄談起，年少時喜歡武術，但現在不光是没有時間，主要是没有了興趣。跟老師學習十餘年，經常聽老師說起，這種情況大約跟具體做工夫有關。海牙老師所得的拳譜中有一句「太極陰陽少人修，吞吐開合問剛柔」。老師曾多次提到，太極拳家中，有不少人或過於剛，或過於柔，没有把太極拳這種「防身之至寶，養生之要道」的真義發揮出來。對於防身一層，我實在没有什麽經驗可談，因爲我没有下過相當的工夫。但在養生方法，我則有一些體會。

我認爲，不論什麽方法，不能太剛。雖然太柔也不合法，但太柔不會出毛病。寧可太柔，不可太剛。當然，太極拳是有柔有剛的。海牙老師承傳的太極拳中，就有「八剛十二柔」之法。胡海牙文集太極真銓中曾有一句「空空洞洞慢慢求」，老師也經常提及此語。故而，在進行以太極拳爲主的内家拳煅煉時，我認爲可以先從「空空洞洞」入手，慢慢再體會「空而不鬆，鬆而不空」。如果能找一個好的老師指點一二，應該會更好一些。

我曾經對太極拳的養生原理進行過一些醫學上的分析，發現如果方法合理，對促進血液循環、調整呼吸運動及鍛煉肌肉、神經等，均有一定的效果。海牙老師根據内家拳創編的内家八段錦及床上養生操、户外健身操等，用之臨床，確實對身體有益，甚至可以輔助一些疾病的康復。

我對太極拳一道，僅得之於海牙老師，其他明師高手，幾乎没有接觸過，故而能説的只有這些。

承蒙先生問及，略呈己見，供先生參考。

二〇一五年三月七日蒲團子於存真書齋

答某先生

問　近來總覺精神疲憊，尤其靜坐時感到後腦沉重，甚至隱痛。我自己覺得是腦子太亂，識神勾動氣血上腦。可是意守腹部總是做不好，一下子思想就到了腦部，且不論守哪裏最後意識總歸於腦，我很納悶。而且我好像總不能是頸骨正直，摸起來總覺得彎曲。先生您看是怎麼回事呢？

答　結合您上次所述睡眠不佳等情況，我還是認爲先生應該是腦供血不足，或者神經衰弱。但這種情況不僅僅是陰虛，應該跟陽氣不振也有關係。是否跟先生學業緊張、運動少、休息不充足等有關，不得而知。中醫診病，嚴格地說，要望、聞、問、切四診合參，但先生離我較遠，既無法診，更不能試行相關的手段針灸對這方面很有效。故上次我給先生提供了幾點建議，其中藥物是爲了滋陰補血，安神定志；運動是爲了提振陽氣，促進血液循環。運動要重於藥物。但從後來的回覆來看，效果不明顯。這些時候，靜坐未必相宜，更不宜意守。因爲意守又要運用腦力。如果要靜坐，我認爲陳攖寧先生「三不動」法中的身體不動就行了，不用去意守，也不要管腦子是否安靜下來，坐、臥均可，我更傾向臥法。至於頸骨不能正直，這個得當面看。其實糾正的方法不難，但用語言不易說清楚，只有留到以後再說。

靜坐主要是放鬆。意守、觀想、呼吸等，都是變通之法。何況現在的環境，並不適合真正地做工夫，只能稍事休整而已。先生正在上學，環境可能更不相宜，所以只要能注意放鬆身心，其他關於工夫的事情，以後有機會再鑽研爲妥。

二〇一五年三月二十八日蒲團子於存真書齋

答某先生

原文　通過一年的學習有一些收穫：　現在靜坐十來分鐘就能鬆下來，狀態好時頸下的肢體温暖柔軟，有時感覺人像懸浮在空氣中一樣，鼻子感覺不到呼吸，木木的大腦有點快樂，煩惱淡了點。但一有男女之事就完了，需一個多月狀態纔能恢復。慚愧。

蒲團子按　從先生的描述來看，做工夫出現的反應均屬正常，沒有什麼問題。至於說一有男女之事後，需要一段時間纔能恢復狀態，這可能是先生深層的心理作用在作怪。因爲我們經常聽到的，是做工夫時不能有夫妻房事，否則會精氣外洩，甚至比常人更嚴重。這種言論或多或少的存儲於我們的深層思維之中，故一旦有房事，便會覺得對工夫有妨害。孫思邈曾經說過：「欲不可縱，亦不可絕。」從現在的科學研究來看，適當的夫妻生活，不僅沒有害處，還對身體有益。中國的修煉家，自古就提倡保精裕氣。但這些都不是說要斷絕夫妻房事，只是說夫妻房事要少。真正要斷絕房事，則是入山正式做工夫時的事。當然，尚未入山正式做工夫者，對待夫妻房事也有權宜變通之法，但這些方法用得不好，會出現問題，故而這些方法很少流傳。現在外界的房中之術，多是旁門左道，不足爲憑。

以愚之見，平常心待之即可。等以後到了正式入室之時，再考慮這層。

二〇一五年三月二十八日蒲團子於存真書齋

關於劍仙工夫覆某先生

關於劍仙的工夫，我從海牙老師處聽到過兩種，一種由陳攖寧先生傳授，已在相關著述中公開其前兩段內容者。另一種是海牙老師得自黃元秀先生處者。當日爲老師整理劍仙揭秘者，是否清楚這兩種方法的具體操作，我不知道。這篇文章是二〇〇四年整理的，與老師以前給我說的有些出入。文章整理完成後，因我在重慶，老師托人將稿子帶至重慶，讓我做修正審核。我將明顯的不當之處進行修改後，並就相關問題，向老師做了匯報。但從後來公開發表的文章來看，有些問題最終没有解決。老師除了跟我談過陳攖寧先生所傳的劍仙工夫外，還向我示範過黃元秀先生所傳的劍仙方法。誠如先生所言，陳攖寧先生所傳的確實際一些。至於梁海濱先生劍仙方法的具體修煉，我不得而知。老師也没有提到過。

陳攖寧先生所傳之劍仙口訣，是需要在人迹罕至之處修煉的。並且，劍仙方法應該與其他丹法同時修煉，並不是只修煉劍仙方法。這個陳攖寧先生在口訣鈎玄錄初集中也曾提到過。劍仙工夫只是在特殊情況下的一種應急手段，並不是修煉者最終的目的。

從吴彝珠女士抄登於揚善半月刊的那篇文章來看，並不能發現梁海濱先生劍仙方法的具體修煉内容，但似乎提到梁海賓先生在武當山洞中做了兩年左右的工夫方始告成。至於向愷然先生所談，我没有看過，具體怎麼操作，也不知道。但「對着鋼劍吐納」的方法，跟海牙老師所説的方法不一樣。

修煉劍仙之術，需要完全繼絕淫欲，其中有必然的原因。這個不是一兩句話可以説明白的，故以後有機會面談。

劍仙工夫修煉，除修煉者本人外，外人很難知其究竟，故而會産生種種猜想。再加上一些文學工作者的演義，最後搞得神乎其神，愈失其真。其實，看看當年王隱在揚善半月刊上的那篇文章，已可知其一斑。現在這種張冠李戴、捕風捉影的事情也經常發生。這個是無法避免的。即使這類方法的秘密有朝一日完全公開，也可能會有類似的情况發生。所以，對待仙學，或者説丹道，應該慎思明辨。

我對劍仙之學並無深入研究，除了十多歲時曾經做過類似觀月的工夫外，其他方面均是聽老師説的，也没有驗證。前些年有朋友曾提到過四川某名山有一處妙地，我認爲適合做此種工夫，只是我左右不便，未能一探究竟。

以上僅是我個人的一些看法，供先生參考。

二〇一五年四月十三日

附：原文

劍術，比較實際的文獻，有三處：一是胡海牙先生公佈的初步口訣；二是吴彝珠女士寫的梁海濱先生入山的紀錄；三是向愷然的梁懶禪一章。

個人覺得，這三個紀錄合起來看，基本揭示了劍法的修煉方法。先以海牙先生的基礎口訣進行吐納，然後以向愷然先生記錄的對着鋼劍吐納的方式練劍，最後一段入山修煉以吴彝珠女士的記述爲大概。

擇地練劍之說，只有修煉十年以後要入山大成之時纔需要。初段中段功夫都不需要。梁海濱十餘年中，要麼住在上海旅社中，要麼在天津謀生，完全沒有擇地的條件，一樣在練劍。所謂真龍虎九仙經之類，繞來繞去，沒點明的就是這個練劍的方法。

海牙先生的劍仙口訣，第一段練吐納收放，第二段練習用月光滋養靈劍魂，化鋼劍爲劍氣的，不是吐納之氣，而是這劍魂。然後應該就是月光下放把劍，用目光接上劍刃之光，其餘類似第二段。

這個難練，一是空氣污染，第一段就没地方練；二是高樓林立，根本看不見月亮，第二段難了；三是嚴格禁慾，主要是真龍虎九仙經中所述五臟之氣滋養劍氣，一旦行房，鎮不住劍氣，自然破腹而出。

後略。

關於胡海牙文集增訂版答某先生

問 新版的胡海牙文集與舊版區別大嗎？ 可有新增的內容？ 我之前買了舊版的了，不知用買新版嗎？

答 這個問題其實我以前說過。 胡海牙文集增訂版是心一堂出版社應讀者與書店的要求，將仙學中的三元丹法內容與內家拳法分別刊行。 出版社原有意讓我增加一些其他人記述老師事迹的文章，以及老師的學生紀念老師的文章。 我思考再三認爲，既然是老師的文集，應該着力展示老師的學術觀點與仙學方法，故而未加入其他人記述老師的文章及紀念老師的文章。 只是在仙學理法篇仙道篇增加了一篇仙學入手工夫闡釋，內容是老師與我答朋友問及我們師生當年相互探討的一些內容，對初步做工夫的人有參考意義。 又在太極拳劍篇末尾增加了一篇我寫的關於習拳悟道一文的一些說明。 此外，增加十餘幀海牙老師及與其相關的照片，訂正了初版中的一些錯誤。

從出版者及編著者的角度來說，我當然希望能有更多的人來買這本書。 一者，可以更廣泛地傳播這門文化；二者，也可以增加編著者的收入。何況這本書還是有很多可觀之處的。但如果購買有初版，則增訂版可以不考慮購買，因爲新添的内容不多。

二〇一五年四月二十四日蒲團子於存真書齋

關於口訣、陰陽丹法、三家龍虎等答諸友問

(一)口訣就是口口抉破的意思。仙家工夫,歷來是師傳口授,雖有著作傳世,但「不將口訣著於文」。口訣真僞的辨別,在於學者的智慧,其他人的意見只能作爲參考。至於試圖從書本上獲得口訣者,恐怕不能如願。以愚之見,未得訣者,不必執著於追求口訣,先從讀書窮理、入門工夫做起,待機緣成熟,口訣自然易得。

(二)現在談口訣者大有人在,至於所談内容,也五花八門。一些學道有年者也不免爲其所惑,初涉此道者更是如墜五里霧裏。凡此種種,科學的精神與方法尤顯得重要。現在有一部分熱衷傳統文化者,談及科學每每深惡痛絕,將科學視爲丹道之敵人。這種思維,只能禁錮思想,故難免出現偏執。如果能合理運用科學思維與方法,對於辨别丹法之真僞正邪,均有重要作用。但這件事並不是很容易。

(三)「龍虎三家」說自從近二十年被熱議以來,一直有人在爲此種方法做各種粉飾。

「龍虎三家」說的大概内容，愚已在龍虎三家「丹法」析判一書中有說明。雖不敢說對這種東西已清楚說明，但對其大要已做了相當的解析。很多人把這種東西稱爲「丹法」，恐怕其等對「丹法」的理解還有待商榷。關於這個話題，龍虎三家「丹法」析判一書談之已多。

(四)將陰陽丹法分爲兩家、三家者，是門外漢語。真正的陰陽丹法，是不會有這種概念的。至於所謂的「彼家丹法」，更是旁門左道。關於與此相關的問題，愚在以前文字中多有提及，此不贅述。

(五)胡海牙文集一書，内容豐富，如能認真閱讀，很多仙學方面的問題都能得到相應的解釋。增訂本增加内容較少，主要目的是修改初版之錯誤。因是子靜坐法四種也需要認真閱讀，因爲此書所收錄諸篇，有蔣維喬先生思想與方法的變化。如果能將此書反復體味，融會貫通，下手方有着落。有人認爲，這種方法不是純粹的「丹法」。這種說法未免偏頗。在中國傳統的修煉方法中，很多初步方法是相通的。只有到了一定程度，纔有分別。

胡海牙文集、因是子靜坐法四種兩種愚亦時常捧讀，並認爲此二書可作初步功夫必讀之作。

（六）現在一些所謂的「學道者」、「傳道者」對陳攖寧先生、胡海牙老師提出一些批評，是很正常的事。世間事物，原本就有各自不同的視角，何況丹法自古就眾說紛紜，不必執定一家而概其餘。以愚而言，陳攖寧先生與胡海牙老師對仙學的概念均合乎科學，故愚對他們的仙學思想頗爲喜愛。至於一些出於其他目的用謊言詆毀二位先生或者自以爲是者，那又是另一回事，與正常的爭鳴不同。

（七）愚對仙學，僅是愛好而已。至於寫文章、與同道交流，僅僅是發表一下自己的看法，若能給閱讀者提供一點思考，也就達到目的了。「普渡」之舉，一直有人在做，愚既無此等能力，也無此等意願。

二〇一五年五月五日蒲團子於存真書齋

覆某先生問太極拳、丹訣等

原問一　太極拳與丹道是一是二呢？《太極真詮》裏講的道理特别是内功的地方和丹道簡直没有區别的樣子，而且太極拳也有練精化氣、練氣化神、練神還虚的各境界，那它和丹道一樣麽？

蒲團子答　内家拳法、中醫針藥是仙學中三元丹法必不可少的輔助内容，故胡海牙老師將内家拳法與中醫針藥歸於仙學範疇之内，與三元丹法共同構成仙學之基本内容。從陳攖寧先生爲胡海牙老師註解《床上養生操》、《户外健康操》等文稿可知，陳先生對此種看法也是認可的（陳先生自己也精通中醫，也知道武術與拳法之重要，但其精醫道而不行醫，知武術而不練武。）以太極拳等爲代表的内家拳法，其原理不外乎先天後天、陰陽五行、兩儀四象、九宫八卦。而這些原理，與道家、道教密不可分。或者説，這些理論就是道家、道教的理論。丹道是仙學的一部分，仙學又與道家、道教同源同流，故而太極拳與丹道，在深層意義上是相通的，甚至是一致的。我認識的一些太極拳上有成就者，他們門内也有丹法傳承。

原問二　「試圖在書中獲得口訣者恐不能如願」是真的麼？　可是不少道書都有「口訣悉數全備」類似的話，攖寧先生也說過「清靜丹法全在靈源大道歌白話註解與二十四首丹訣串述中，只要細心體會，到後自可豁然貫通，一旦貫通，方知大道就在目前，丹訣皆成廢話」。

蒲團子答　誠如先生所言，大多數都說「口訣悉備」，但同樣也有「不將口訣著於文」之說。世上讀道書者眾多，博閱廣覽者也不在少數，然多是一頭霧水，不明就裏。小法小術易得，根本口訣難聞。攖寧先生雖說清靜丹訣全在此二書中，但並未說不需師指。最上一乘性命雙修二十四首丹訣串述行世已八十餘年，然有幾人真能從中參得奧妙？　探源索根，旁徵博引，意雖爲美，然實不適合於仙學一途。　靈源大道歌白話註解亦行世八十餘載，除孟懷山師伯一生修證此法外，尚未聞有其他人行持此法者。　而孟師伯當年曾把陳先生接到家中侍奉三載，得陳先生之親自指導。　記得孟師伯晚年給海牙老師寫信時曾言，自己打算只做靈源大道歌中的工夫與仙學必成中的工夫，至於其他工夫，他也不想再瞭解了。　後來孟師伯九十多歲時無疾而終。　可知，即如靈源大道歌中的工夫，也不是那麼容易得的。

二〇一五年五月六日蒲團子於存真書齋

覆某先生

誠如先生所言，蔣維喬先生晚年對靜坐法的闡述，與其最初因是子靜坐法一書是有不少不同之處，也就是先生所說的「越發樸實圓潤」。這確實也是蔣先生經過幾十年真實用功所得。我們當初編纂因是子靜坐法四種時，也是出於這個目的。即將蔣先生不同時期的作品匯集一處，然後讓大家能前後互參，細心品味，最後纔可能得到一個比較適合於自己的入手處。蔣先生的因是子靜坐法，從最初就是用現代科學的思路來撰寫的。少了故弄玄虛，少了神秘許諾，也就讓一些自詡爲「修道者」的朋友輕視。其實，能讀透、讀通蔣先生的著作，對所謂的「修道」實大有裨益。

二〇一五年五月六日蒲團子於存真書齋

答某先生問八段錦及「神水」

問　練習內家八段錦時，可不可以加上想象呢？比如雙手托天，想象手托一個大球，不然我覺得都毫無感覺。

答　海牙老師的內家八段錦，「暗勁」是貫串始終的。所謂的暗勁，就是指外象雖看不出用勁，但從裏到外都用「勁」。這種勁道，最初不妨用實物體會一下。如「兩手托天理三焦」中「兩手如捧物狀」、「如托天狀」兩則，「如捧物狀」，不妨體會一下，兩手捧一盆水向上時全身的勁道，然後在不捧實物時，方有着落；「如托天狀」，則指手到頭頂，翻掌後，掌心向上，用勁將「天」向上推，也可體會一下推實物的感覺。這些不僅僅是形式和意念，而是實實在在的「如有物狀」。能做到無物似有物，基本上就能體會出「暗勁」。當然，這需要一定的時間。如果有行家當面指導，可能會更容易一些。

問　第七個動作「搖頭擺尾去心火」，不知道怎麼做，能說明詳細步驟麼？

答　「搖頭擺尾去心火」一式，確實用文字不容易表達。現在的文字稿，是張宗奇先生當年整理，要比我最初整理者好很多。但依然不容易依據文字鍛煉。這個式子最好是當面示範。我見過很多來我住處的朋友，對這個式子都不能完全正確演示。現在能跟先生說的，只有「順勢隨意，自然而爲」。能做到這個八字，即使姿勢不完全正確，但基本上能達到效果。

問　八段錦我不敢做第六個動作，因爲一做晚上就會洩精，已經有好幾次經驗了，不知怎麼麼回事。

答　「雙手攀足固腎腰」，理論上是能强腎固精的。先生出現的狀況，可能跟神經衰弱有關係。我個人倒是建議，先生試着堅持一段時間，或許能改善這種情況。

問　怎樣把識神壓壓？最近我覺得識神越來越厲害了，有時夢中的說話聲大得像刀一樣刺人，有時感覺頭痛，而且痛在後腦一塊，我毫無解決辦法。

答　這個問題比較含糊。但根據先生的陳述及以前的講述來看，應該還屬於神經衰弱範疇。因爲無法當面見到先生，故而這些只能猜測。對治的方法，我以爲，應該先保持合理的運動和充足的休息。方便的時候，尚可郊遊放鬆、登高遠眺。至於「痛在腦後」，是否受風、受涼所致，這個得經過醫生的診斷方可。

問　生物學中培養動物細胞時除加入一般所需營養外，還要加入血清、血漿，因爲血清、血漿中有一種未知營養物質，沒有它的話動物細胞就活不了，植物則不用。這種未知物質是不是靈源大道歌說的「神水」呢？

答　先生的這種思考，很值得贊賞。仙學發展到今天，已不能再像前輩們那樣，完全依靠信仰、師傳等方式來傳承研究，更要結合現代科學的思維與方法，進行細緻的分析與探討。先生既然有這種思維，更希望先生在學習、生活之餘，能多留意此方面的研究。仙學、丹術，最終還是要經得起科學的考驗。現在一些所謂的「修道者」，一聽到「科學」二字，或不屑一顧，或極端反對，這些人最終還是會將仙道學術引入信仰的範疇，而難得仙道之真。仙學是一門科學，既然是科學，就不僅要用傳統的科學方法研究，更要與現代科學相結合。雖然我對先生的構想無法提供相應的看法，但我對先生的思路很有同感。希望通過我們的努力，能爲仙學的科學化研究盡一些綿力。

二〇一五年五月十五日蒲團子於存真書齋

關於仙學、科學問題覆某先生

原文 我以爲，用科學的手段或高科技的器械來論證那些前人意識到却無法描述的「物質」是非常高妙的思路，也是踏實做事的態度。另外，日本有一位春山茂雄的醫學博士，一九九五年出版了腦内革命一書，他就是致力於運用先進的醫學儀器來解釋諸如氣功、冥想、瑜伽等傳統養生方法背後人體内部各種參數的實際變化的研究，提出了「走路養生」這一簡單却極其有效的健身方法，直到現在風靡世界各地。我們中國的傳統養生文化，還是少了像陳攖寧、蔣維喬等大師以科學、務實的眼光和實踐，去傳播古人尚未理解或無法描述的，那些神奇效果背後的，可以用物質世界理解、描述得具體實際的人。當然，我也景仰像胡海牙大師、蒲老師等眾多致力於傳播傳統養生文化的先行者。再者，先賢們對「德」的重視或信仰，遠遠大於對「道術」的重視程度。這是秘藏「道術」的另一層含義吧。在紅塵中這個「德」要是符合人倫社會就必不符合「道法自然」的那個「德」，若要出世，恐先斷絕塵緣。君若不信，且看看鍾呂八仙、陳摶老祖、重陽祖師、三丰道長、南宗五祖白玉蟾等等仙人、真人哪一位不是跳出三界外、不在紅塵中啊！　若不能實行，則退而求祛病延年之法足矣，不應再多想了。

蒲團子按 用科學思維及科學手段證實中國傳統文化中如仙學、中醫學等方面的內容，這都是必然的趨勢。蔣維喬先生、陳攖寧先生在八十年前就已經注意及此，並已開始用科學的思路與當時的研究成果對中國傳統的修養術進行闡釋。其實，中國大陸在二十世紀八十年代至二十世紀末的二十年間，就曾有不少人利用科學手段來測試、驗證傳統修養術的效果，以及其對人體的作用。而一直以來，一些相關的中醫藥科研機構，也在不斷地利用現代科學手段對中醫學的理、法、方、藥進行研究論證。雖然有不少傳統文化的堅實擁護者，對現代科學思維與科技手段極爲不屑乃至反對，但不能否認，這些文化最終需要，也最終會被現代科學來解釋。

「德」是仙學、中醫學等中國傳統文化最基本的要素，「術」的高妙與否，與「德」息息相關。「德」是没有上限與下限的。每個人的具體情況不同，對「德」的要求與標準也不同，所以，有「公德」與「私德」之説。對好事修養者而言，「公德」與「私德」均需重視。記得當年陳攖寧先生有一句話，即「倘能得英雄氣魄與菩薩心腸兼而有之者，最合資格；不得已而思其次，亦要當得起『君子人』三個字的名稱，否則恐於仙道無緣矣」。至於爲什麽要重視「德」，具體談起來，頗費筆墨。胡海牙老師當年與我編寫道竅談真一書時，首章即「未學仙道先做人」，就是針對這個問題。

出世、入世，這也是一個比較複雜的問題。如果出世真能了脫，當然出世修煉最好。至於所謂的「未煉還丹莫入山，山中內外盡非鉛」，那是特指，會其意即可。故陳攖寧先生曾言：「未煉還丹莫入山，還丹之後須入山也。」今日所謂的修道者，大多有社會事務，能養性養身、祛病延年就不錯了，尚談不到真正的修煉，或可對築基煉己有一些作用。

原文 法侶財地的說法，有時候容易產生誤解，尤其是財，豈不患得患失！很多學道者，又轉入佛門，既清靜無法且不執法，又不必考慮財物等身外之物，一衲一鉢反倒自在。「術」對道家的束縛太多，又加之宗教化的道教，就漸迷本來面目了。陳攖寧大師把丹道單獨提出來仙學，是扭轉數千年來道家隱匿的偉大創舉！但是，抽絲剥繭的過程是艱辛的，恐要數代人的努力方見效果。

蒲團子按 「法侶財地」之說，是針對得訣者而言，並且訪之有法，求之有道。修道者轉而學佛，學佛者轉而學道，歷來如此。無論佛法，還是仙道，其內核與宗教信仰本無關係。佛家的止觀、持咒、念佛、靜坐、參禪等，仙家的守一、煉精、煉氣等，基本上能從現代科學上找到一定的依據，跟信不信教無關。陳攖寧先生當年將仙學從宗教的束縛中脱離出來進行科學研究，也是爲了這門學術的長久發展。但時至今，依然有人害怕這種學術脱離宗教，諸如丹經開光、畫符防盜版之類的笑話，也就在所難免。可知，要真正地對傳統文化中的一些内容進行科學研究，恐怕需要一定的過程。

原文　去年十二月，我嘗試着練了練某功法的初步功法，只練了三四次，也是連續兩次遺精。我都四十多歲了，且有家室、兒女，像遺精這種情況按理説不該存在。我和一個友人説了，並説這個功法確實很厲害，向他推薦。他還笑話我。其實這是真的。後來我就没再練這個功法。但是我還挺在意這件事或是身體反應情況的。畢竟這個功法對於激發身體元氣和後天生精補氣的效果太厲害了。前一段時間，我甚至想去西安拜訪一下某老先生創辦的某功法研究所，因時間、家務等原因暫未成行，但我今後一定要去看看、學習學習。

蒲團子按　對男性來説，遺精是很正常的現象。雖然有家室之人，很少會發生遺精之事，但也不是絶對的。這跟個人的體質、生活環境及當時的具體情況有關。

頻繁地遺精是病態。偶爾一次，或者是在受到外界刺激的情況下遺精，都不必太在意。做工夫後遺精，可能跟中醫學中的「精關不固」有關，也可能與西醫學中的神經衰弱、部分肌肉鬆弛有關。因为做工夫後，由於體內的變化，刺激到相關的神經、肌肉，故而平常或許不遺精，一做工夫後反而遺精。還有一種，就是平常重視保精裕氣者，到一定程度後，也會出現遺精現象，但這種遺精是隔很長一段時間纔會有的，屬於精滿自溢的範疇。修養家當然以保精不洩爲要，但也不是完全不漏精。完全不漏精是工夫達到某種程度後纔有的。

原文　我現在學習因是子靜坐法已經半個月左右了，但是只能做到單盤坐，可我妻子却一下子就做到了雙盤，我還笑稱她有佛性。不過，她只是偶爾坐坐。我現在每天必須坐一坐，長的時候四十分鐘，少的時候二十分鐘因故打斷的時候多，心裏和身體上很不舒服。如果不坐，就没法睡覺，甚至渾身上下有說不出來的不痛快。現在，腿脚發麻的狀況越來越輕了，一坐四十分鐘也没大礙，只要把腿脚伸開，就毫無不適。走路時，腿脚感覺有力氣、踏實了。另外，每次坐的時候，都會身體發熱出微汗，躺着蓋上被子也不會發熱出汗，這和蔣維喬先生在書中的描述幾乎一樣，不知道會持續到甚麼時候。

蒲團子按　靜坐主要在靜，不在坐，故而盤不盤腿，單盤與雙盤，不是關鍵。這個問題，蔣維喬先生在因是子靜坐法一書改版時就已經提到。蔣先生後來的著作中，更引入了垂腿直坐、臥式等。

靜坐工夫，每天能有十分鐘的有效靜坐，就能達到修養效果。何況現在大家都有社會事務，很難完全從事修養，故而每天能抽時間坐一會即可，不必太在意靜坐時間之長短。靜坐出現的反應，也不要太留意，聽其自然，不可任其自然即可。至於尊夫人能自然做到雙盤，這是跟先天性的骨骼及身體柔韌性有關。

愚見如是，僅供參考。

二〇一五年五月二十日蒲團子於存真書齋

答某先生問五葷

原文　您好！我想請教一下關於五葷的問題。在外飲食，五葷多不可避免，在家也要和家人協商，請問五葷對於練功影響大小。我看陳老著作中雖未提及，但推薦的蔬果中確實没有五葷。

蒲團子按　「五葷」之説，不止一種，然基本上是指幾種辛辣香竄之物。這些食物，皆能刺激人體，或使身體發汗，或氣機亂竄（中醫認爲，香竄之物能破氣）。至於煉功者能否食用這些物品，則應根據各人的具體情況而言。從做工夫的角度來看，「五葷」之品對修煉不利。不僅「五葷」之品，凡是有刺激性的食物，大都不利於工夫的修煉。爲了身心安靜，儘量不要食用刺激性食品。如果無法避免，少食爲妙。雖然有修煉者在做工夫過程中，借助一些刺激性的物品、藥品或食品，以達到一些需要的效果，但此只是權變之法，非爲正途。

關於修煉與飲食的問題，一直以來比較受關注。事實上，如果没有相當的條件，很不容易做到飲食自由。特別是從事社會勞作的人或有家庭者，更不容易飲食隨心。單位的應酬、同事朋友之間的聚會、家人的生活習慣與口味等，都會影響修煉者的飲食需求。故而，如未能從事專門的修煉，對諸如「五葷」之類的食物，能避則避，不能避也不可勉强。等有朝一日，能正式入室用功，再安排專門的飲食則可。

二〇一五年五月二十八日蒲團子於存真書齋

覆友人問陰陽法

（一）陰陽概念，是中華傳統文化的根源之一。中國的傳統文化，都離不開陰陽理論。從丹法而言，也是離不開陰陽理論。現在所謂的清靜丹法、陰陽丹法，都是狹義的概念，也是一種方便說法。事實上，不論清靜丹法、陰陽丹法，都離不開陰陽理論。所以，陳攖寧先生當年曾說過，融會貫通，頭頭是道。到如此境地，清靜也是陰陽，陰陽也是清靜，故嚴格意義上，丹法無清靜、陰陽之別。

（二）丹道一途，非師指莫能知其奧，然真師難遇，故真法難聞。從古至今，丹經道典頗爲豐富，但欲從書中得其竅妙，恐難如願。此種論調，前輩丹家屢屢言及。

（三）今人凡談及陰陽丹法，多將古代房中法夾雜其中，甚至將一些下乘採補之術，乃至淫邪之術納入其中。前幾天與一位道兄閒談，其聽友人說，某人爲修煉陰陽丹法，竟然煉一種「站在高處小便，當尿液即將觸地之時，又將尿液收回」的工夫。且不說這種工夫是否能成功，然煉這種工夫的目的何在？想從什麼地方「吸」什麼東西？真是不知所謂。

（四）丹法確有精粗與巧拙之不同。即使同一流派，也會因人而出現不同的變例。所以，求法需要求根本法。只有明瞭根本之法門，得受根本之口訣，然後再因人、因地、因時制宜，方有機會得最終之效驗。

（五）至於現在那些人所謂的龍虎三家丹法，不合乎陰陽丹法之原則。雖然有不少人用此法「以前就有」之類的概念，企圖爲這種方法正名，但這些「努力」最終只能糊弄糊弄門外漢。當然，信與不信取決於學者自己。至於行持，恐怕難免觸犯法紀。

（六）龍虎三家「丹法」析判一書，明確指出，僅是針對某學者所說的「龍虎三家『丹法』」，旁而及之張義尚先生所主張的「龍虎丹法」。至於其他名爲「龍虎丹法」的方法，書中並未多談。書中所提到的其他幾種「龍虎三家法」，與某學者所主張者或多或少有些關係。還有一些「三家」丹法，或是朋友之間的私下交流，或不宜公開討論，故不宜多說。

二〇一五年六月五日蒲團子於存真書齋

答某先生問伍柳丹法

問 伍柳派採大藥需「上夾下塞」，大成捷要也如是說法。可是也有多位實踐者叙述經驗的時候，並沒有提到這個說法。是他們故意隱去還是另有秘法？請問到底需不需要「上夾下塞」？

答 「上夾下塞」是一個無奈的辦法，如果修煉者自己能把握好，用不着這種方法。這種方法是下乘中之下乘，不建議使用。但用了也沒有關係。

問 不用的話，有什麼注意的或者用其他什麼方法纔能順利過？

答 「上夾下塞」的目的，是防止真氣從上關鼻竅與下關穀道走洩。然真氣本爲輕清無形之物，可運行於身體之經絡，亦可運循行於全身各處，在體内可以無處不到，一般只會因内邪、外邪之侵擾而出現耗損，並無走洩之虞。如果發生走洩，出現鼻垂玉柱、穀道走氣等，說明經過修煉所產生的「内氣」有夾雜。能走洩的，是有形之物，非輕清之物。以我的看法，根本用不着什麼特別的方法。古人曾有上搭鵲橋、下撮穀道之法。也就是真氣運氣至上關鼻竅之上時，注意舌搭鵲橋一般閉口不言語時會自然舌抵上腭的；循行下關穀道時，略用意收緊穀道。雖不是什麼高明的方法，但對付這個問題應該夠用了。

問 還有一個問題，因爲我没有人指導，都是自己亂看些書，瞭解的可能伍柳派的多點，我想問您，清淨丹法主要有幾派？有何異同？主要的學習書您能分別推薦麽？

答 清靜丹法主要只有一個方法，就是靜功。至於具體有作爲的内容，都是變法，也就是靜功的衍生工夫。至於派別，大而言之，北派主清靜，清靜法又有伍柳派等分支。細分起來，現在的清靜派方法更多，但總旨只有一個，即「靜」。只有能「靜」，纔可能談及其他。「靜」之一法，既是清靜派之主要内容，也是丹道之共法。

至於書，我很不願意爲他人推薦書、推薦師、推薦醫，因爲此三者稍有不慎，會誤人一生。所以，聽憑各人的自願與因緣。

另，伍柳一派的工夫，爲當前不少所謂的「修道者」所輕視，大多認爲其屬於有作有爲的工夫，非「上乘」清靜功夫。這種見識未免局限。伍柳一派，在仙道一途，影響頗大。即如伍著，雖多係自身修證所得，但都是真修實證的内容，如果能認真參悟，對工夫修煉很有益處。伍沖虛、柳華陽二位先生的著作，語言淺顯，論述詳盡，確屬學習仙道者不可不讀之典籍。故愚見以爲，讀伍、柳二先生之書，切不可先存成見，也不宜好高騖遠、徒慕所謂的「上乘」，能把伍、柳兩位先生的著作讀透，對仙道之研究會很有幫助。

二〇一五年六月十一日蒲團子於存真書齋

關於海牙老師著述答某友問

前略 前幾天聽某友說，某君對我們整理的胡海牙文集有不同的聲音。其實，這件事情很正常，意料之中的事。原因很簡單，很多文章某君没有見過。我們整理老師文集，是在老師生前。文集出版後，送了老師十多本。據當時照顧老師的保姆大姐說，送書當日，我離開老師家後，老師讓她拿出眼鏡，扶老師起來，翻了一遍。老師最後幾年，因爲外傷原因，行動不方便，看書更費力氣。而我送樣書的當日，老師也讓我親手給他的家人送了一本。但由於各種因素，還有三部分内容未來得及在老師生前整理完成。

一是老師答讀者的書信。我是一九九五年後開始跟老師學習的，一九九七年左右開始幫老師處理信件。最開始是在老師團結湖的家中，我先是把讀者來信給老師念一遍，然後老師告訴我怎麼回覆，我再把老師的意思寫在紙上，讓老師確認一下，然後再謄抄一遍，寫好信封，最後由老師自己郵寄。過了一段時間，老師纔慢慢把信件交給我，讓我帶回住處回覆。但對重要信件，都會在信封上或者紙片上寫出自己的意思。由於我生活不安定，多次搬家，一大部分信件，存放在陝西老家，故在老師生前未能及時整理出來。

二是老師和我在診所時，根據患者的具體情況及我們對內家拳養生法的一些理解，總結的一套養生方法。當時爲了讓這套方法更能適合於大眾，我們計劃做得細緻一些，這就需要查閱大量的資料。但由我的具體原因，這件事一直至此，還未能告一段落。

三是老師的醫學思想與成就。老師生前在醫學方面的著述不多，晚年由於外傷在家休養時，我們之間見面受到外力的阻撓，很難坐下來談老師醫學思想的整理問題。老師曾經多次跟我談過他的醫學思路，其中包括中醫理論、中藥及處方，特別是針灸的內外練習法等，希望我能做相應的整理。我曾經跟老師在診所侍診五六年，也記錄了這些年來幾乎所有的病例。陳攖寧先生當年也曾經跟老師談到了不少醫學方面的知識，並且有文字整理。但醫學書的整理，需要非常慎重，因爲這是直接面對生命的學問。至今有的文稿還是零散的，有些東西還未形成文字。

除以上三者之外，還有一部老師與我及某兄商定的道竅談真，只完成了開篇。未能在老師生前將這些東西整理出來，對我來說也有一些遺憾。至於以後何時纔能整理成册，我無法預見。誠如陳攖寧先生所說，這種東西也是需要機緣的。後略。

二〇一五年六月十八日蒲團子於存真書齋

答某先生問胡海牙先生著作、口訣等

近幾日回陝，所詢各節，未暇回覆，望諒。今簡覆如後，僅供參考。

（一）近一段時間來，不少朋友來電或用其他方式問我關於胡海牙老師的著述及事迹等事。愚本不欲回覆。因爲這些事情解釋起來很麻煩。如果直言不諱，則會涉及一些人的不當行徑。這些人中，有名家，有學者，也有跟老師學習過的人。而一些事情，本來就没有旁證。一些事情雖然證據確鑿，但由於海牙老師的一些善意，却無法得到最終澄清。故而，這些問題難以回覆。只是，在這些提問的朋友中，有幾位與愚交往多年，如果不回覆，又有些不近情理。不得已，僅做幾點説明。

第一，愚只對心一堂出版社出版之胡海牙文集包括初版與增訂版負有責任，這本書是海牙老師生前惟一指定出版的作品。雖然當時老師與愚考慮到版權的問題，也清楚地知道這本書出版後會發生的事情，但老師與愚用一個玩笑的方式放棄了我們的一些權利。所以，愚對於此書以外的任何關於老師的圖書，均不做解釋，聽憑讀者自已判斷。

第二，有些事情我們已解釋得很清楚了，但一些人還在刻意傳播不合適的東西，對此，同樣聽憑讀者自行判斷。不是愚不願再做解釋，而是如果無休止地做這種重復解釋，是没有意義的。

第三，文學作品，小説家言，本來就有很大的虛構成分。如果非要把小説當歷史讀，那也就無可奈何了。

第四，某君編寫的關於胡海牙老師的故事，錯誤百出，但流傳很廣。該説的愚已做了説明。現在連一些所謂的老師的弟子們，也將這些故事當做實事，其他人自不待言。只有隨他去了。

第五，老師醫學方面的經驗與思想，愚尚未整理完成。還有一些需要取捨的内容，尚未確定。時機成熟，自會及時出版。另有養生法一套，需要與其他人合作完成，尚需保護版權，故還需假以時日。

第六，關於老師的事迹，愚雖有意記録，但現在實在没有時間整理成文，只能有待以後了。

以上諸端，暫做説明如此。希望一些另懷意圖的朋友，都能保留一些道德底綫。雖然道德底綫在現在是個笑話，只好抱一些幻想了。

（二）完完全全把仙學口訣毫無保留地筆之於書者，愚只見過兩種，都是民間流傳的小册子。內容比較簡短，方法比較明確，讓稍有仙學知識的人，一看就能修習。雖然有一些細微處需要口授，但依愚之見，那些東西已可有可無，只要掌握了實際操作的方法，步步深入，即可見效，不必要注意枝枝節節。這兩種小册子上面的方法，比現在流行□□□□法更爲深透。至於□□法，概不筆之於書，凡能見到有明確作爲的方法，均非□□法正法。向例如此，不必糾結。

（三）據某友人告知，龍虎三家「丹法」析判一書銷售尚可，讀者評價也過得去。愚稍覺安慰。

（四）西派李涵虛的□□法門，當從某書中追尋下去方有着落。現在西派的□□法，與李涵虛的□□法，當從「□□□□□□□□」諸字看去。此則僅屬一己之見。

最近陝西、北京都是酷暑難耐，也最考驗人。感謝關心。

公元二〇一五年七月二十五日蒲團子於存真書齋

答某先生問八則

(一)王沐的悟真篇淺解我讀過，當時讀得還很認真。他的另一本書，我大概瀏覽過，當時只是走馬觀花，以至於內容也不甚記得。王沐談悟真篇，是從清靜法談，未必合乎悟真篇本義。

(二)胡海牙先生認爲，張紫陽得訣太晚，尋外護又無着落，所以著悟真篇。

(三)悟真篇跟參同契有不同的地方。參同契爲萬古丹經王，方法很詳細，只是外家看不懂而已。

(四)「訣」就是丹道用功最主要的內容。不是理論，而是方法中的關鍵。口訣必須師傳口授，否則容易形成死口訣，修身不成，反而可能傷及性命。丹法的根本口訣是一樣的，所謂「天下無二道」，所謂「萬卷丹經語總同」。後世口訣各異者，是因爲古人傳授，重視因材施教，同樣一個老師，教給不同學生的方法也不一樣，而後學執一法萬，就形成了各種不同的口訣和各種不同的流派。陳攖寧先生抄與海牙老師的最上乘天仙修煉法中，所謂包括某某派某某派丹訣，就是這個意思。因爲那篇文字，基本上把丹道的規程展示了出來。又如南北二宗、東西二派，均係鍾呂門下，因所處時代、環境之不同，方有不同之方法與口訣。追根溯源，蓋無二道。

（五）武術確實有一定的規律可循。但古今情況不一樣。古人爲了個人目的，或爲自保，或爲尋仇，或爲成名成家，故把自己所學隱蔽起來，以防他人也學到與自己相同的本領。特别是一些經驗之論，都是自身親身體會所得，也不願意公之於衆。今人學習武術的目的已與古人大不相同，所以很多方法都公諸於衆。須知，要成爲一名武術家，沒有相當的苦功夫是不行的。特别是過去流傳的一些秘傳武功，更須下一番苦功夫。而現代科學的出現，經過各方面的分析，把這些規律進行提煉，確實有助於更快地達到一定武術效果。至於這種方法與古傳方法有無區别，尚待研究。

（六）武術秘籍、丹道口訣，不是得到了就能成功，還須進行相當時間的真修實證。海牙老師生前，對學生或來訪者傳授學問時有一種規律。武術儘可能地和盤托出，包括自己所學及所悟。因爲武術必須經過苦練，在這個社會，能下苦功夫練武，已很難得，所以不必保密。醫術擇人而授，特別針灸。因爲醫術關乎人之生死，所以在傳授時比較慎重。記得當年有一位醫界名人，一定要拜海牙老師爲師，介紹之人也頗有些地位。但老師説什麽也不收。我當時問老師原因，老師説，這個人做不了醫生。仙學傳授更是慎之又慎。

（七）關於財與外護。因爲無論做什麽工夫，都不宜再從事社會事務，要把這些事務交由他人去做。這時，生活的費用不可少。至於僱傭人員之薪資，如是真心道友，則大多會義務護關，不需要薪資。但生活費用則不能少。還要最初丹室的建造、一些生活用品的採購等，都需要一定的資金。這就是財與外護的問題。外護不一定是財主。

（八）編輯仙學教材很難。我打算如果條件允許，明年可以考慮寫一本關於仙學初步工夫的書。内容可能是大家司空見慣的，主要是歸納整理。至於仙學史，以前有過考慮，以後有機會再仔細籌劃。現在没有相當的精力與時間。

二〇一五年十月十一日農曆乙未年八月二十九日蒲團子於存真書齋

養生閒談

養生雜談

養生是一個熱門話題，特別是現在，能看到的媒體，幾乎没有不談養生的。本來，養生是人們對生命的一種探索，是人們對生命的一種熱愛。四千七百年前，軒轅黄帝在戰爭之餘，就開始與臣子們討論這些問題。依他們討論内容匯集而成的黄帝内經一書，很多内容都是以養生爲主。這些言論，被後人作爲養生、防病、治病的理論指導加以運用、發揮。幾千來，中國醫學的發展，也基本上是以黄帝内經思想爲主旨的。所以，黄帝内經也被稱爲中醫學、養生學的聖經。

養生防病的幾個主要理論依據

養生與治療疾病不同，雖然從古到今的醫籍中，有不少用養生方法治療疾病的記載，但養生應以預防、輔助爲主，與現代醫學中的預防醫學比較相似。而談養生的人，一般都有以下幾個理論依據。

第一個理論依據是黄帝内經四氣調神大論篇第二中的「聖人不治已病治未病，不治已亂治未亂……夫病已成而藥之，亂已成而後治之，譬猶渴而穿井，鬭而鑄錐，不亦晚乎」。古人謂：「生而知之之謂聖。」也就是說，聖人就是一生下來什麼都知道的人。黃帝內經中的這段話，意思是說，聖人在疾病還沒有發生時，便開始從預防着手，而不是等病發生以後再着手施治。跟治國一樣，在還沒有出現亂象之前，就開始防止亂象的發生。如果疾病已經發生了纔着手治療，亂象已經出現了纔開始治理，就跟人已渴了纔開始挖井，要跟別人打鬭了纔準備製造武器一樣，爲時已晚了。這個理論，在扁鵲見蔡桓公中被描述的淋漓盡致。扁鵲名秦越人，是戰國時候的人，因爲他的醫術比較高明，所以人們就用上古時候的神醫扁鵲之名來稱呼他。扁鵲見蔡桓公見於韓非子喻老。說扁鵲見到蔡桓公即齊桓公田午，站了一會兒扁鵲見蔡桓公，立有間，說：「你腠理蒲團子按：皮膚與肌肉的紋理，或指皮膚與肌肉之間的空隙有病，如果不治療，恐怕會加深。」扁鵲曰：「君有疾在腠理，不治將恐深。」蔡桓公說：「我沒有病。」桓侯曰：「寡人無疾。」扁鵲走了以後扁鵲出，蔡桓公說：「醫生就喜歡給沒有病的人治病，以顯示自己的本事。」桓侯曰：「醫之好治不病以爲功。」過了十天居十日，扁鵲又見蔡桓公扁鵲復見，說：「你的病已經在肌膚了蒲團子按：肌膚，即肌肉與皮膚。這裏指疾病的面積已經擴大了，從以前的線，現在擴展爲面了，不治療的話將會更深。」曰：「君之病在肌膚，不治將益深。」蔡桓公沒有理會扁鵲桓侯不應。扁鵲走了以後，蔡桓公又很不高興。扁鵲出，桓侯又不悅。又過十天居十日，扁鵲再次見蔡桓公扁鵲復見，說：「你的病已經在腸胃了，不治療的話會更深。」曰：「君之病在腸胃，不治將益深。」蔡桓公還是不理會他。桓侯又不應。扁鵲走了以後，蔡桓公更是不高興。扁鵲出，桓侯又不悅。又過了十天，扁鵲看見蔡桓公轉身就走。居十日，扁鵲望桓侯而還走。蔡桓公便派人去問扁鵲是什麼原因。桓侯故使人問之。扁鵲說：「疾病在腠理時用熱敷就可以袪除，在肌膚時用針刺就可以治療，在腸胃時吃點湯藥就可以治療。如果病已經到骨髓了，就非人力所能治療了。現在桓公的病已經到骨髓了，我沒有辦法了。」扁鵲曰：「疾在腠理，湯熨之所及也；在肌膚，針石之所及也；在腸胃，火齊之所及也；在骨髓，司命之所屬，無奈何也。今在骨髓，臣是以無請也。」又過了五天，蔡桓公全身疼痛，便派人去找扁鵲，扁鵲已逃到秦國去了。居五日，桓侯體痛，使人索扁鵲，已逃秦矣。蔡桓公也就死了。桓侯遂死。這個故事，最能說明黃帝內經中的這段話。現在也有不少醫生熱衷於治未病，他們是否有扁鵲的本領，尚未可知。

第二個理論依據是黃帝內經上古天真論篇第一中的「虛邪賊風，避之有時，恬淡虛無，真氣存之，精神內守，病安從來」。這就是說，只要能適時地避開邪之侵擾，並且能淡泊嗜慾，重視內養，就不會生病。這比較符合現代預防醫學的概念。

第三個理論依據是黃帝內經靈樞逆順中的「上工治未病」。「上工」與「下工」相對應。上工是指醫術高明的醫生，又稱「大醫」、「良工」、「良醫」，有「見色知病，按脈知病，問病知處」的水平。清代名醫張志聰隱庵說：「能參合而行之者，可以爲上工。」即能通過人的臟腑陰陽、色脈氣血、皮膚經脈等各項情況，綜合辨證，確定治療方案者，可以稱爲上工。《靈樞邪氣藏府病形第四說》「上工十全九」，也就是上工治病時治癒率爲十分之九，也就是現在所說的百分之九十；而「下工十全六」，下工的治癒率爲十分之六，也就是現在所說的百分之六十。

今天談養生的人，大多借「上工」之名以「治未病」，而很多人連基本的醫學知識都沒有掌握，「十全六」尚達不到，何談「十全九」，何談「治未病」？

另外，「治未病」，即病尚未出現，如何能判斷「未病」會轉化爲「病」？對於真正的高明醫生，及早發現病源，也就是可能致病之因，從而防之治之，本無不可。但對普通人來說，很難確定是否有「未病」來侵。所以，養生防病的知識，也就被一些關注生命質量與生存質量的人所重視。在這種情形下，各式各樣的養生學著作也就大行其道。

養生學在古代與修煉的學問及醫學密切相關，它的很多理論與形式都來源於道家修煉學與中醫學。養生學是一門專門的學術，精通這種學問者，大多都有豐富的修煉學知識與醫學知識。這些知識的積累非一時半刻可成，而且大多還是經過身體力行的。可以說，中華自古相傳的不少養生學問，都是前人用生命積累下來的經驗。但在今天，養生學却是泛濫的。不少談養生者，或者得一二方法而不知養生學之全體，或轉述他人養生經驗而自己未有相當的體會，或鈔錄他人言論而不辨發表言論者論述之背景，貿然公開宣講，或輕率出書，這都會使一些真正熱愛養生的無所適從。特別是對一些養生功效的誇大有的是無意的，有的是有意，不僅會影響他人的健康，甚則會給他人帶來更大的傷害。比如，對一些養生方法對治疑難病療效的刻意誇大，很可能會讓患者貽誤治療時機，從而影響生命。所以，在選擇養生方法之前，最好能對養生的概念及相關知識有一個相應的瞭解。

養生的三個層面

養生從層次上可分爲衛生、養生、攝生三個層面。

衛生。衛，有衛護、保衛的意思。衛生，就是指保護生命，不讓致病因素外邪入侵人體。衛生是保持身體健康最基本的條件。不論身體的現狀如何，防止外來因素侵襲人體，對個人的健康都是有益的。對身體原本健康者來說，可以防止、杜絕疾病的發生；對患者來說，可以防止病情加重。這個衛生與現代醫學所謂的衛生有相通之處。比如，忌食不潔淨、太過油膩的食物，忌飲不潔淨的水，防止飲食起居中的過冷過熱對身體的刺激，慎食反季節食品及怪異的食物等。這些內容，傳統醫學與現代醫學都有相關的論證，也都得到了相關的驗證。除此之外，還要加强身體功能的鍛煉。用中醫學的術語來講，就是「固表」之類。也就是把身體最外部的功能加强了，也就能防止外邪入侵致病。飲食的潔淨，可以保護胃腸黏膜不受病菌侵害；酷暑嚴寒時及時調整衣着，可以防止外邪侵害肌膚；慎食相關食品，既可以保護胃腸，同時也可以防止一些不明的致病因素從口而入；加强身體功能的鍛煉，則可以增加保護能力。用過去所用的油燈做比喻，衛生相當於給燈加一個燈罩，不使風將燈吹滅。

養生，則是指保護身體已有的相關能量，如中醫學所說的精、氣、神，不使消耗，也就是中醫學所說的「固本」。在過去修煉家中，有這樣幾句話：「目不外視而視內，則魂在肝而不從眼漏；耳不聞聲而返聽，則精在腎而不從耳漏；鼻不聞香而呼吸在內，則魄在肺而不從鼻漏；口不開而默內守，則意在脾而不從口漏；心不妄想，則神在心而不從想漏。」這幾句話通過五官、五志、五臟相互聯屬的關係，闡明了養生的方法。而且，這幾句話也是養生中至關重要的內容，歷來被專門從事養生的人士所重視。黃帝內經陰陽應象大論篇第五：「肝主目」「在竅爲目」；「腎主耳」「在竅爲耳」；「肺主鼻」「在竅爲鼻」；「脾主口」「在竅爲口」；「心主舌」「在竅爲舌」。黃帝內經宣明五氣篇第二十三：「心藏神，肺藏魄，肝藏魂，脾藏意，腎藏志。」「腎藏精」，見於黃帝內經靈樞本神第八。養生，用油燈比喻，則如把燈芯儘量放剪短一些，以防止油燈的油過快的消耗節省能源。

攝生，陳攖寧先生曾講，「攝」字有四種作用：一是攝持自己的身心，勿使妄動；二是收攝自己的精力，勿使耗散；三是攝取外界物質，修補體內虧損；四是攝引天地生氣，延長人的壽命。這四種作用完全無缺，纔可以稱得起一個善攝生者。攝持自己的身心，就是「精神內守」；收攝自己的精力，就是不要太過勞，不要過分地消耗人體的能量，包括氣、血、精、津、液等。攝持身心、收攝精力，目的是爲了不使人體的能量外耗，這與養生的內容基本相同。攝取外界的物質，修補體內虧損，是指從人體之外的物質中，尋求能補身體虧損的物質。有三條路：一是「飲食滋養從口入」。如將食物及藥物經口攝入，再經過人體其他器官的加工、消化，將精微物質吸入，將糟粕排出體外。二是「空氣呼吸從鼻入」。呼吸和心臟的跳動是生命的根本，人類的生命迹象的終結，以呼吸斷絕與心臟停止跳爲依據，所以，呼吸對人體的作用不言而喻。只有呼吸通暢，纔能保證人體的正常運行。而鼻爲人體主要的呼吸渠道，所以說「空氣呼吸從鼻入」。三是「元氣的闔辟從毛孔入」。毛孔是人體除九竅外，直接與外界交流的器官，同樣也是除鼻腔呼吸之外，呼吸功能最强大的呼吸器官其他孔竅也有呼吸作用，而皮膚毛孔的布滿全身，其功能更强一些。皮膚毛孔的呼吸，是人體的精微呼吸，比口鼻呼吸要精細得多。而人體的本元之氣也稱元氣、真氣的開闔運行，也與皮膚毛孔密切相關。如中醫學認爲，大汗淋漓會傷真氣等。還有，道家養生中的體呼吸法，就是用的毛孔呼吸法。攝引天地生氣，是指採天地之精華、日月之靈氣等比較專業一些方法，這些一般是古代隱士們專門修養的方法，不太適合普通大眾。這是因爲普通人有環境、工作、家庭等問題的限制。攝生之法相當給油燈添油。給油燈加燈罩可以防止風將燈吹滅，將燈芯調小可以延長油燈燃燒的時間，但終究有油枯燈燼之時。而攝生則是不斷地給燈添油，使油燈燃燒的時間更加延長。所以，在道家修煉術中，有一個術語叫「添油接命術」，就是這個意思。

現代養生應注意的問題

養生的話題很廣泛，資料很多。特別是這些年，養生類的著作俯拾皆是。這也讓很多人對養生無所適從。如果要瞭解養生，或者要實行相關的養生方法，有幾個方面需要注意。

一是尊重科學。有些人一提到「科學」二字，非常抵制。特別是一些研究傳統養生的人，對科學的觀點很不以爲然。而一些科學工作者、從業者，對傳統的東西持反對態度。更有一些觀點，把傳統與科學推到兩個極端。最明顯的就是中醫學、養生學與現代科學之間爭論。一部分主張傳統醫學與養生學的人，只要一提到「科學」二字，就極力反對，批評現代科學是機械的，是不合理的。而一些科學人士，一談到中醫學及傳統養生學中的相關內容，就給扣上一個「非科學」、「僞科學」、「愚昧」的帽子。這些都是片面的。現代科學是研究事物的主流方向，雖然它還在發展，還有很多不足，但很多問題的最終解決，是離不開現代科學方法與精神的。所以，不論現代醫學的養生方法，還是傳統的養生方法，都應尊重科學的思想和方法。比如，定期做身體檢查，及時瞭解身體的狀況。如發現疾病，及時治療。現代科學對人體的分析比較精細，很多數據都可供醫生對人體的健康進行判斷。現代醫療保險制度的日益進步，定期檢查身體也是人們生活中一個重要的組成部分。這些都是養生所必需的。

二是多瞭解專業知識，儘量在專業人士的指導下進行養生活動。這個比較難，很多人也不容易接受。很多人從醫學書籍或養生學書籍看到一些養生方法，自認爲理解無誤，便下手練習。但是，對一些養生方法存在的弊端，也應有相應的瞭解。有以下幾個方面需要注意。

第一，治療疾病。如果是治療疾病，最好是找專業醫生。民間療法、單方、偏方乃至食療方等，雖然對有些疾病確有特效，但由於人的個體差異，不一定人人都適用。所以，民間療法、單方、偏方及食療方的使用，包括茶療、花療、酒療等，最好是在專業醫生的指導下進行，以免發生意外。特別是食療。食療自古就有，對某些疾病也確有奇效，但食療畢竟醫療之外的一種方法，作爲輔助治療則可，如果將食療作爲治療疾病的主要方法，很可能會貽誤病情。古代書籍中所收錄的食療方，大多是醫生在治療疾病時所採用的方法，有的是針對某些羣體，有的則只對某個個體。而現代一些主張食療者，在行文著書時，往往將食療的作用無限誇大，對一些很難治療的疾病，也推崇食療法，甚至認爲只要用食療方法即可治癒，這種行爲是不可取的。在我看過的一些醫學養生書籍中，發現有些著書者，在針對一些重大疾病，如癌症、腫瘤之類，推薦用食療方法，並聲稱這些方法效果如何顯著，這說做法都是不合適的。食療作爲輔助治療的方法可取。在養生中，有些食療方確有補益作用。但一定注意其是否有弊端，使用者是否適用。所以，如果確患有疾病，應以正規治療爲主，養生方法爲輔。等病情解除後，再以養生方法爲主，加强預防。

第二，藥物養生。藥物除了有治療作用外，也有一定的補益作用。特別是中藥，由於大多數是植物，或者可用於飲食，所以弊端小一些，或者没有什麼弊端。如生薑、大葱、大蒜，這些都是日常食用的物品；又如紅薯、綠豆、紅小豆、大棗之類，也是人們常食用的物品。還有一些水果，如梨，對咳嗽有很好的防治作用。這些食品，只要食用適量，都不會產生不良反應。如果在身體有相對虧損及患有一些疾病時，適當的使用，還會產生醫療作用。其他如人參、枸杞子、鹿茸等中醫典籍中明確記載有大補作用的藥材，適當服用，對身體自然有益。如果使用不當，則有可能產生弊端。

我在隨老師出門診時認識一位藥店的工作人員，有一天他給我打電話，問鼻出血有沒有什麼好的治療方法。我問他患者是什麼原因引起的鼻出血。他說患者是因爲服用紫河車粉引起的鼻出血。紫河車粉就是人脱落的胎盤經炮製後研成的粉末，中醫用於治療虛勞類疾病，有很强的補益作用。現代藥理學研究也證明，紫河車有很高的醫療價值，還能提高人體免疫力等。當時我以爲這個患者可能有重病在身。便問患者多大年齡，爲什麼服用紫河車粉。回答讓我很喫驚，這個所謂的患者只有二十多歲，身體健康，只是因爲聽人家說紫河車大補，便每天服用，後來導致鼻出血。我就告訴那位工作人員，讓這位年輕人停止服用紫河車粉。那位工作人員説，紫河車不是大補的嗎？爲什麼要停服？這讓我哭笑不得。便告訴他，紫河車大補，是針對身體極虛損者而言，是治療時用的一種藥物，歷代醫家也不是對什麼人都用這味藥。而這位年輕人本來身體很健康，只要有一個好的生活習慣，是用不着滋補的。何況現在已經因爲誤服紫河車粉出現了鼻出血，更說明這種藥材不適合於他，所以應該先停服，然後再根據情況，看是否需要相應的處理。

那位工作人員對仍是很不解。

另外，還有一種現象，就是男性到了一定年齡，開始補腎；女性則注重補血。過去我在單位上班時，有一些朋友，三十多歲，每到冬天，就經常食用羊肉、狗肉。他們認爲，這些東西是補腎的，而冬天宜於進補，所以就經常三五成羣去喫這些食品，有的還與一些補益的中藥材相配伍食用。有的人喫完後覺得身體狀況有所改善，但有人則越吃身體越不適。中醫學認爲，腎有腎陰與腎陽之分，補腎要先看是否真是腎虛，要區分是腎陰虛還是腎陽虛，然後纔選擇相應的方法，或治療，或補益。除了食品補益外，成藥的補益也被人所重視。最常見的，就男性服用六味地黃丸，女性服用烏鷄白鳳丸。而尤以男性服用六味地黃丸最爲常見。甚至把六味地黃丸的功效誇到很大。六味地黃丸，見於小兒藥證直訣一書，是傷寒雜病論中腎氣丸減去附子、肉桂而組成的方子。這個方子主要適用腎陰虛者，而且效果並不是那麼神奇。倒是依他加減的方子，療效比較明顯。

所以，在用藥物養生時，最好能在專業醫生的指導下進行。

第三，不藥養生。有一句俗語：「不藥問中醫。」中醫學中有很多不用藥物而可以治療疾病和用於養生防病的方法，所以民間纔有這句俗話。這也是中醫學預防、保健的一個特色。中醫學與道家養生學同發源於黃帝，故有「醫道同源」之說。中醫學的不藥養生法及治療疾病的方法，大多數與道家養生法相同，其中包括導引如《諸病源候論》、吐納、靜坐等。導引則包括運動導引、經絡導引、意念導引法等；吐納包括跟呼吸有關的各種方法，如深呼吸法、數呼吸法、閉息法等；靜坐法又有道家靜坐法、佛家靜坐法、儒家靜坐法等，又有意守法、存想法等具體的操作方法。不藥養生醫療法跟藥物、食物養生的區別在於，不藥養生主要靠的是自身鍛煉，而藥物、食物養生則需要借助外物。所以，不藥養生，只要自己願意，就可以做，不受身外之物的限制。但同樣要注意，不藥養生也最好有專門的人士做指導。因爲這些方法對心思靈活的人來說，或許不成問題，如果對一些執著的人來說，用死工夫、蠻工夫，很可能會適得其反。養生不成，反而使身體出現其他不適。

三是如果出現不適，應停止正在使用的方法，及時查找原因，辨別是方法的問題，還是自己使用不當。不論是以治療爲目的，還是以養生健身、防病爲目的，都應在安全的情況下進行。如出現不適症狀，最好停止當前使用的方法，然後再根據情況，採取相應措施。

關於亞健康

亞健康是現代醫學名詞，中醫學中没有這個名詞。現代醫學一般將身體出現不適狀態，但用現代科學手段檢查没有病變發生的狀態，稱之爲亞健康狀態。這種所謂的「亞健康狀態」，如果用中醫學陰陽辨證的角度，都不是健康狀態，也可以稱爲病態。如果要服用藥物，可以根據具體症狀進行辨證治療；如不欲用藥物調治，則應加强體育鍛煉，最好是室外活動，如慢跑、慢走、柔軟體操，能打太極拳最好。還應保持良好休息，注意勞逸結合，儘量避免刺激性的飲食等。

日常起居養生的一些方法

在黃帝內經的第一篇，也就是素問上古天真論篇第一，開篇即說：「昔在黃帝，生而神靈，弱而能言，幼而徇齊，長而敦敏，成而登天。乃問於天師曰：『余聞上古之人，春秋皆度百歲，而動作不衰。今時之人，年半百而動作皆衰者，時世異耶？人將失之耶？』岐伯對曰：『上古之人，其知道者，法於陰陽，和於術數，食飲有節，起居有常，不妄勞作，故能形與神俱，而盡終其天年，度百歲乃去。』」就是說，古時的黃帝，生下來就很有靈性，出生就會說話，幼時就很聰明徇，疾；齊，速也。言聖德幼而疾速也。疾速，引申指敏慧，長大後很篤實敏捷，成人後成爲天子。他問岐伯，上古時代的人，都活過一百歲，而動作還沒有衰老的迹象，今天的人剛到五十歲就顯出衰老之相了，是因爲時代環境的原因，還是失去了活過百歲的本領？岐伯說，上古時代的人，懂得養生之道，做法於天地日月之運行，明白調養精氣之方法，飲食有節制，起居有規律，不使自己過於勞累，所以他的智慧與體質都能保持一定的狀態，故能活到應該活的年齡，即活過一百歲。

黃帝是天縱之聖人，生而知之。從他與岐伯的這段問答中，可以看出他們對生命質量的關切。

陶弘景養性延命錄說：「養性之道，莫久坐、久臥、久立、久行、久視、久聽，莫強食，莫大醉，莫大憂愁，莫大哀思。此所謂能中和。能中和者，必長壽也。」又說：「少思，少念，少欲，少事，少語，少笑，少愁，少樂，少喜，少怒，少好，少惡。此十二少者，養生之要旨。」

上古時代，民風淳樸，所以他們養生應該比較方便。隨着民智的漸開，人從事的事業越來越多，階級、地位等差異，也逐漸對人的生存帶來一些刺激，對於養生，只是有條件的人纔方便實行。隨着人們物質生活的日益豐富，對生活質量的追求越來越高，養生自然也納入了現代人的生活規劃之中。其實真正的養生，說起來很簡單，就幾句話：「日出而做，日落而息」、「饑則食來困則眠」、「已饑方食，未飽先止」。這是農業社會，一些有條件從事養生的人，或被迫養生的人提出來的，而且確實也有效果。但真正要做到這些，却是很不容易。

這裏就從飲食起居等人們的日常生活方面，談一些跟養生有關的話題。

緩解心理壓力的幾個方法

據科學研究證明，良好的心理狀態，可直接影響中樞神經系統，平衡内臟功能，激活免疫細胞。

從古到今，很多典籍，對心理因素或因心理、情志因素引起的疾病，都會告誡患者，保持一個好的心態，淡泊世緣，心胸開闊一些。這些建議説起來容易，做起來很難。對於生性豁達、淡泊世情的人來説，這些都不是問題。但不是人人都有這種天性，所以，還應該用一些相應的方法來調理，更適合一些。

現在的生活節奏比較快，不論是農村還是城市，大多數人都爲了創造更好的生活、更優越的物質條件而努力工作。而現在又是一個多元化的社會，各種各樣的刺激，都容易讓人的心態難以平靜。不良的心情、心態，會直接給人體的健康帶來負面影響。所以，如何保持良好的心態，也被人們所重視。

心態的調整，最主要的還在於自己。除了平時對名利等能淡然處之以外，一些相應的方法也很有必要。

（一）深呼吸法

呼氣時，要儘量使肺中没有濁氣存留；　吸氣時，要儘量使肺部充滿空氣直到肺尖。用口呼氣，用鼻吸氣。如此，方爲合法此法初練時要緩慢自然一些。這種工夫，要慢慢地練習，不可太急燥、太勉强，更不宜在空氣不潔的地方去做如無空氣潔淨之環境，戴上口罩去做亦無妨。

深呼吸，古人名爲「吐納法」。呼吸的作用，着重在呼出身内的濁氣，吸入外界的清氣。濁氣於人體有害，不可讓它絲毫停蓄在身内；　清氣於人體有益，我們需要大量的吸入。但是，我們日常呼吸，並未完全符合這個原則。呼出者很短，吸入者也很淺，一呼一吸之間，肺部之濁氣尚未出得乾淨，就已改呼爲吸，外界之新鮮空氣還未吸達肺尖，又變吸爲呼，這就是普通呼吸的弱點，也是妨礙身體健康的一個最大的原因。人想要維持身體健康，首先必須矯正呼吸的弱點，所以，就要多做做深呼吸。

人在心情不好的時候，胸部會自然感到憋悶。經常做深呼吸，可緩解不良情緒帶來的不適。

這個方法宜於每日清晨起床後，洗漱完畢，然後再在空氣清新的地方做。如果生活在城市，居住在樓房，最好在陽臺上，空氣流通的地方做。每次一般做三個呼吸，也可從三個呼吸做起，每日加一個，直做到十個呼吸。平時也可以做，但一定要在空氣流通、清新的地方做。

（二）沐浴陽光法

每天清晨太陽初升之時，面對太陽，自然站立，雙脚略寬於肩，雙手自然下垂，雙目輕閉，讓陽光自然籠罩全身。呼吸自然，不用意念。每次站立十分鐘左右。

本法是根據古人的採日精法而來。東方主氣的生發，陽光對萬物有溫養薰蒸的作用。所以採用這種方法，可以振奮人體的陽氣，促進細胞的活性，有利於人體排出廢氣。

這個方法應在室外做。冬季做個方法時，應注意保暖，不要受涼。

（三）親近自然法

這個方法，就是要求每隔一段時間，特別心情不舒暢的時候，多去室外運動。特別是在山林之地。因爲山林中空氣清新，視野開闊，能讓人的目光遠眺。只有看得遠了，人的心情也會隨之放遠，鬱結在胸中之濁氣，即可隨之而散。

現在生活在城市中的人，特別是大都市中的人，每天面對的大多是林立的樓房、狹小的居室、擁擠的交通。這樣的環境，容易讓人產生煩悶。再加上工作量大，人際交往複雜，更易對人的情緒產生不良的影響。而空曠之處，可避免這些導致不良情緒的因素，從而改善人的心理狀態。

建議每周最好能抽一天的時間，清晨早點起床，然後到離自己比較近的空曠之地，或山林之中遊玩。遊玩之時，最好暫時停止一切工作，信步而行，不要設定什麽目標。閒閒散散，信馬游繮，這樣纔能緩解心理壓力。

如果遠游，也應以遊玩爲目的，不要設定太多目標。特別是去名山大川旅遊，不一定要把遊覽每個景點做爲目標。如果條件允許，可分次遊覽，切不可本來爲了放鬆心情，反而讓自己很緊張。

以上三個方法，主要是針對於心理壓力較大，易產生不良情緒者而言。要知道，這三個方法不但有利於緩解心理壓力，對身體的其他方面也有很重要的作用。

如果在心理極度不好，一時無良法解除時，也可採用相對短時間的劇烈運動法。比如，打打拳，做做運動，跳跳繩等，讓自己的身體在短時間感到疲勞，從而產生睡意。這樣可把不良的情緒及時轉移。

在情緒不佳時，相關緩解抑鬱症的西藥最好不用，儘量從自身的運動來緩解這種不良狀態。

不良的情緒是影響身體健康最重要的因素，很多身體不良狀態，都是由於不良情緒引發。所以，緩解不良情緒，對身體的健康，及養生防病，都是非常重要的。故而把緩解心理壓力的方法放在第一位介紹。

當然，緩解心理壓力及不良情緒的方法還有不少，這裏所列舉的三種方法，相對簡單易行，而且也沒有什麼弊端，也比適合於現代的人鍛煉。

起居與養生

起居，指人們日常作息而言。起居的意義有多種，我們這裏以作息爲主。古人講：「日出而作，日落而息。」這也是指人體應順應自然之道。同時，這也是養生最基本的原則。黃帝內經四氣調神大論篇第二也說，人在春季、夏季時，應該晚睡早起；在秋季時應該早睡早起；在冬季時應該早睡晚起。這些經驗都是根據太陽起落的規律總結出來的，也符合「日出而作，日落而息」的民諺，跟現代科學研究的結果也是基本一致的。但是，隨着時代的發展，今天能達到這種作息規律的人恐怕不太多了。特別是一些年輕人，在市場競爭日益激烈，生活節奏日益加快，就業市場人才濟濟的環境下，只有加倍的工作和努力，纔有助於自己更好地生存，這難免違反適合於身體健康發展的自然規律。何況現在的工作時間，都是以現在的計時方式相對固定的，這些都不利於身體的健康，但又缺乏太好的解決之道。

過去講「饑則食，困則眠」。也就是說，饑餓的時候要喫東西，身體困乏時要休息、睡眠。因爲饑餓、困乏是身體的自主系統給人發出的信號，說明人需要在這方面補充了。就象一些電子產品一樣，在電力缺乏時，會發出相應的信號向人警示。手機電快用完了，需要充電。人體也是這樣。電子產品在電力缺乏的情況下，繼續使用，最終會導致機器不能運行。而人因爲有自我修復系統，雖然一時不見得出現特別的狀態，但長此以往，最終會影響到自我修復功能及自我修復器官的衰退，結果也會產生不良的狀態，如產生疾病。現在常見的一種現象是某人在正常工作或生活中突然昏倒，這一般可歸結爲腦供血不足，就是因爲過度勞累，影響了正常的血液循環，使血液不能及時運行到頭部，從而出現腦缺血，血氧供應不足，故而猝然倒地。一般處理時，應讓患者身體平臥，將足部適當抬高一些，讓血液運行到頭部，即可緩解。

由於困不得眠，時間長了會出現一些不利於身體健康的狀態。所以，在條件允許的情況下，要儘量保證休息的時間及質量。最主要的是儘量保持有規律的充足睡眠。因爲人在睡眠情況下，身體中的能量消耗較慢，而自我修復功能也能在無外力消耗的情況下，可以及時對身體的虧損部分進行修復與補充。

當然，在現實生活中，特別是對現在都市生活中的人來說，保持充足的睡眠不是很容易。這時不妨及時地進行短時間的靜養，也是就普通所謂的靜坐。

現代人的日常生活中，最缺少的是思想上的安靜。雖然肢體每天都有休息的時候，但思想很少能够安靜。即使睡着了以後，也不能完全安靜，要做夢。夢中所感受的疲勞程度，不亞於清醒時，有時更勝於清醒時所感受的疲勞程度。如此長年累月，精神的消耗逐漸積累，身體的各個器官亦會因不停運轉而慢慢衰弱，從而會引發諸多疾病。這些由於器官衰弱嚴重而引發的疾病，單靠藥物的治療，很難奏效，必須讓身體處於一種完全安靜的休息狀態，利用機體自身的自我修復功能，逐漸修復損耗，補充虛弱。因爲人類身體上原有的天然抗病能力，因某些器官不停地運轉，發揮不出來。而靜功的修養，可以幫助機體消除障礙，恢復人體本能，把原有的抗病、修復能力發揮出來，與身體所患疾病作鬥爭，而達到身體的康復。健康人做靜功，可以防患於未然，起到養生、健身、自我保健的作用。

現代的醫學認爲，人體是一個極爲複雜而高度有序化的物質運動結構，而維繫這個結構的，則是大腦與中樞神經。腦與神經具有高度的協調和適應功能。腦和中樞神經的功能一旦失調，人體將會失去平衡，疾病、衰老、死亡等現象就會隨之而來。而靜功的修煉，則能有效地保持和發揮大腦和神經中樞的作用。因爲人在做靜功的過程中，心裏的念頭比較清靜，頭腦中的思慮也逐漸地減少，因而血液的運行也相應地緩慢，心臟的負擔則隨之減輕。同時，因爲身體安靜、舒適，沒有運動消耗體，身體內部相對平衡，氣血的運行便會因靜功工夫的日益進步，而逐漸回復到嬰兒初生時健康自然的運行方式，循環運行，人體會產生舒適的感覺。體內的抗毒體及身體耗損的修復系統，也因爲沒有了人們日常生活中的因思慮等緊張狀態的抑制，便可以更大程度地發揮其作用，排除人體內的毒素，修復耗損。故身體健康，益壽延年，亦成爲了必然。這就像一杯混濁的水，如杯子靜不來，水呈混濁之狀；　相反，水杯靜下來，水中雜質自然就會沉下去，而水則呈清澈之狀。

現代科學實踐證明，靜功的修習，不僅對一般的精神緊張、焦慮等有顯著療效，而且也適用於各種身心疾病。據有關資料表明，人在靜功放鬆的狀態下，可出現血壓下降、呼吸頻率及心率減慢、全身肌肉張力下降，並有四肢温暖、頭腦清醒、心情輕鬆愉快和全身舒適的感覺。有研究資料表明，一個人在深度的鬆靜狀態下，大腦皮質的喚醒水平下降，交感神經系統及其有關的功能活動升高，此時機體耗能減少，對蛋白質的消化吸收能力增强，血氧飽含度增加，血白蛋白含量及其攜帶氧的能力提高，指端血管容積增大，皮膚温度升高，肌電水平下降，皮膚電阻增大，血及尿中兒茶酚胺降低，血糖下降。這些現象足以說明，靜功進入靜態以後，可以通過身體內部的調節，影響機體各系統的功能，進而直到防治疾病，健康身體的作用。長期從事於靜功的人，還可以陶冶情操，提高個人涵養，也有利人體健康。國外也有學者曾對修習靜功的人做過對照實驗，證明練功者比不練功者，其神經緊張程度明顯減輕，反應速度明顯加快，智力顯著提高，學習速度、記憶力、語言表達能力、靈活性、創造性等都顯著地改善。科學研究證明，靜功的修煉對身體康健是非常有益的。

養生的靜坐與修煉的靜坐不同。修煉對靜坐有很多要求，因爲他們要證明的、追求的，是生命的超越，目的是爲了解決生死大事。養生則不然。養生的目的在於解除身體的不適，補充身體的能量。所以，在養生靜坐中，姿勢不重要，意念也不重要。一般人每談及靜坐，便會想到曲膝盤腿而坐，並認爲這就是靜坐。其實這是對靜坐的一種誤解。盤坐是古人在生活材料缺乏，椅凳等可供休息的生活用品相對較少的情況下，所用的一種方便的法門。今人多不明就裏，惟以盤坐爲靜坐之正宗，並且在坐姿上復有種種之花樣，這是不正確的。真正的靜坐，應該不拘坐臥，身心放鬆，心無雜念，主要是「靜」。如此久久，自然會健康長壽。最好的方法是，選擇自己感覺非常舒適的姿勢，坐臥均可，然後微閉雙目，靜止不動。每次能做五分鐘、十分鐘即可。雖然可以靜的時間長一些，但一般以三十分鐘爲度，沒有必要太長。如果有意探索更深一層的東西，則可以尋求老師的指導，正式做一些功夫。

靜坐可以隨時做，只要條件允許，在家中，在辦公室都可。但是，如果採用站立姿勢時，應注意周圍的環境安全，不要站在危險的地方。過去雖然講行住坐臥四大威儀，行走時做功夫，不易掌握，也不宜於養生，所以最好不要採用這種形式。

還有一個方法，也是我們在臨床上經過多次驗證的方法，就是在條件允許的情況下，如星期六、星期天，沒有工作任務，也沒有其他活動，這時身體如果感到疲乏，就踏踏實實地睡一覺，一直睡到自然清醒，不想再睡。也就是現在常說的「自然醒」。在最初用這個方法時，有的人會出現醒轉後身體更加疲勞，這可能是因爲沒有放鬆的緣故。多做幾次，自己嘗試調整睡眠的方法，過一段時間就會改善這種情況。這種方法對補充體力及身體中的能量，也比較有作用。關鍵是，在用這個方法時，一定要放下一切。如斷絕一切對外事務，關閉電話、手機等。

另外，還要注意：天熱時不能使身體在太涼的地方，天冷時則不宜在太熱的環境中；晚上休息時門窗不宜關得太死，要空氣通透，但又不宜直接吹風。

飲食與養生

「已饑方食，未飽先止」見於宋代大文學家蘇軾的東坡志林，是蘇軾東坡提出來的。據說當時蘇軾被流放，整天饑一頓飽一頓，一張大餅能喫幾天，所以他爲了省事，餓極了纔喫飯，還沒有喫飽時就停止進食。過了一段時間，他的身體居然好了起來。所以，他提出「已饑方食，未飽先止」。但後來他官復原職，當官的朋友們東請西請，他也忘了自己的八字要言，最後又把身體喫壞了。至於「日出而做，日落而息」、「饑則食來困則眠」，自民智漸開以後，恐怕除了少數專門從事養生的人外，普通人很難達到這種境界。隨着社會的變遷，這些最原始、最根本，也是最有效的養生方法，已不被人重視，也基本上消失了。

飲食男女雖同爲人之大欲，然男女之事可以終年斷絕，身體並無妨害。而飲食則不可一日缺乏。所以，飲食養生的意義也非常重要。

(一)水

人的身體大部分是水份，所以人可以多日不喫食物，但不能一日不飲水。可知水與生命的關係是非常重要的。凡是以長壽聞名的地方，若研究其所飲用的水，一般都是非常潔淨的。現在的自來水雖然也乾淨，但相較於山中的泉水，相差甚遠。一個人每天至少要飲水四次，即早晨起床後、午飯前後、下午、晚飯前後，各飲一杯即可。這樣基本上能够供應全身之需要。如果不喜歡喝白開水，可以用淡茶。茶味不要太濃，無論綠茶、紅茶，太濃都不好。不但無益，還可能有害。

（二）酒

酒類只可以當藥飲用，不宜做爲飲料或佐餐用，故不可天天飲服。米酒、葡萄酒之類，雖然可以常服，但也不能飲服太過。烈性酒都會傷人。古代修養家所飲之酒，大多是用藥泡製的，跟普通的酒不一樣，而且各人的情況不同，所泡的酒也不一樣。

（三）食

食物以素食爲主最好，儘量少喫肉類。味不宜濃厚，也不可太鮮，刺激性不宜太大。蔬菜不宜煮得太爛，但也不宜生喫。煮得太爛則缺乏生機，生喫又怕一些細菌、蟲卵不能消滅。蔬菜必須用清水洗得十分乾淨，然後用刀切，切好後及時下鍋，不宜再洗，更不可長久浸在水中。飲食要有花樣，並輪流食用，不可只食某種而屏棄其他。

口味的濃淡也應注意。飲食調味，不宜過於濃厚，甜、酸、咸、辣，皆要比平常所習慣的口味稍微淡薄，白煮清蒸宜多，紅燒煎炸宜少，十分鮮味也不相宜。烟酒最好能够戒絕。這樣就是使舌根清淨，味神經不受刺激。

現代科學提倡「早飯要好，午飯要飽，晚飯要少」，而現在實際上是「早飯很少不少人早上由於時間緊張，不喫早飯，午飯湊合中午一般都在單位，所以以喫快餐爲主。單位有食堂的，大鍋飯也未必合乎口味，晚飯很好晚上有時間，所以飯菜也較豐盛」。這樣的生活方式，從科學角度、養生角度，都是不合理的。但是，這種情況也很難改變。所以「早飯好，午飯飽，晚飯少」已不能完全適應於現代生活。我們提倡健康的飲食習慣，但在無法更改的情況下，也只能順其自然。只是在晚飯後，最好能緩緩散步，或者隨意地休息一會，不宜平躺。一般一個小時左右，方可上床休息。

還有一種就是「宵夜」。有不少人認爲半夜加餐對身體不利。其實這得看具體情況。如果工作到深夜，腹中饑餓，適當的加餐還是有必要的。半夜加餐最好是以清淡的流食爲主，肉類最好少一些。如果不加餐，任其饑餓，反而對胃不利，進而會影響身體的健康。

居室環境與養生

房屋應該儘量安靜，這樣就是使耳根清淨，聽神經不受刺激。空氣要流通，無灰塵及其他一切穢濁氣味，如汽油氣、廚房氣、油漆氣、蚊烟香氣、消毒藥水氣。室內家具越簡單越好。陳列品太多，也容易發出不好的氣味。這樣就是使鼻根清淨，嗅神經不受刺激。

關於室內光線一事，古代修養家貴在陰陽調和，勿使偏勝，所以說太明和太暗都不合適。現代養生，並不是修煉，所以只要能使神經絕對的安靜，不受絲毫刺激，只怕太明，不嫌太暗。因此室中油漆、粉刷、窗簾等，皆宜用淺淡顏色，不宜用艷色及純白色，電燈光亦不宜太亮。室中陳列品不要有礙眼的東西，窗外望過去不要有討厭的印象。這樣就是使眼根清淨，視神經不受刺激。

幾個養生小方法

(一)清利頭目法

將雙手相互摩擦，至微熱，然後如洗臉狀上下反復按摩面部，並用手指捏耳，沿耳輪來回按摩。

此法古人名爲「干沐面」，能幫助加快面部的血液循環，使面部皮膚光潤。並能消滅面部皺紋，掃除病容，顯露健康人的本色。

(二)叩齒法

牙齒輕輕咬合，用暗勁咬牙三十六次次數也可斟情增加，但以不少於三十六次爲佳。注意，用暗勁咬牙的時候，上下牙齒咬合在一起，不分開，不是外界流行的用力去叩響牙齒。用力叩響牙齒，容易叩破牙齒表面之牙釉質。

古代修養中常有此法。此法能使精神易於集中，並可預防牙疼。

（三）防治腰椎頸病法

身體站立，兩脚自然分開，雙膝微曲，雙眼平視前方。用腰帶動雙手自然地前後拍打上半身。在拍打過程中，頭部不動向前看一個方向，下肢不動，僅以腰的擺動來帶動雙手臂自然甩動，拍擊胸腹與腰背。拍打胸腹用手心，腰背用手背，一手在前，一手在後。隨着鍛煉時間的增加，根據自身承受能力，逐漸加强拍打力度方法是擺腰幅度增大一些。

腰的前面有胃腸，腰的後面有兩腎，此法左右摇擺，以腰帶動兩手臂，敲擊腰腹，胃腸和腎臟同時受到震動，自然由内部發生抵抗力。因此，脾胃的消化可以增强，腰腎的軟弱可以堅固。同樣，拍擊上半身其他部位，也會震動另外幾個臟器，從而加强它們以及全身的功能。

（四）彎腰攀足尖

坐於床上，兩腿伸直，兩足尖朝上，兩臂由體側向上舉過頭頂，再低頭彎腰，兩臂由上而下朝前方用兩手指攀足趾，然後恢復原狀。如此反復，一分鐘大約可做六七次，以五分鐘爲度。此法可治腰部酸軟、精關不固、夢遺早洩等症。

存真书斋仙道经典文库

胡海牙文集

龙虎三家「丹法」析判